# O TEMPO NO COTIDIANO INFANTIL

## Perspectivas de pesquisa e estudo de casos

**Dados Internacionais de Catalogação na Publicação (CIP)**
**(Câmara Brasileira do Livro, SP, Brasil)**

O tempo no cotidiano infantil : perspectivas de pesquisa e estudo de casos / Anna Bondioli, (org.) ; tradução de Fernanda L. Ortale e Ilse Pachoal Moreira ; revisão técnica de Ana Lúcia Goulart de Faria e Elisandra Girardelli Godoi. – São Paulo : Cortez, 2004.

Título original: Il tempo nella quotidianità infantile : prospettive di ricerca e studio di casi
Vários autores.
ISBN 978-85-249-1063-0

1. Crianças – Administração do tempo 2. Crianças – Educação 3. Psicologia educacional I. Bondioli, Anna.

04-5622 CDD-370.15

**Índices para catálogo sistemático:**

1. Crianças : Administração do tempo : Psicologia educacional 370.15

Anna Bondioli (org.)

Egle Becchi • Anna Bondioli • Anna Borando • Monica Ferrari •
Eva Galdabino • Antonio Gariboldi • Gabriella Nigito • Helga Zeiher

# O TEMPO NO COTIDIANO INFANTIL

## Perspectivas de pesquisa e estudo de casos

Tradução de
Fernanda L. Ortale e Ilse Paschoal Moreira

Revisão técnica de
Ana Lúcia Goulart de Faria e Elisandra Girardelli Godoi

**1ª edição**
3ª reimpressão

CORTEZ EDITORA

Original italiano: *Il tempo nella quotidianità infantile. Prospettive di ricerca e studio di casi.*
*La cultura del bambino* — Coleção dirigida por Anna Bondioli

*Capa:* DAC
*Preparação de originais:* Silvana Cobucci Leite
*Revisão:* Maria de Lourdes de Almeida
*Composição:* Dany Editora Ltda.
*Coordenação editorial:* Danilo A. Q. Morales



Direitos para esta edição
CORTEZ EDITORA
Rua Bartira, 317 — Perdizes
05009-000 — São Paulo - SP
Tel.: (11) 3864-0111 Fax: (11) 3864-4290
E-mail: cortez@cortezeditora.com.br
www.cortezeditora.com.br

Impresso no Brasil — dezembro de 2021

# SUMÁRIO

## PARTE III: O tempo na vida cotidiana das crianças

# PREFÁCIO

*Luiz Carlos Freitas**

Muito se tem falado sobre a necessidade de se mudar ou criticar os tempos e espaços da escola. A questão é como entrar neste cotidiano dos tempos e espaços escolares, obter informações relevantes, descrevê-lo e analisá-lo. A experiência com a implantação das várias concepções de ciclos nas redes públicas tem colocado o tema em questão, no Brasil. O presente livro apresenta uma maneira de empreender esta tarefa de uma forma compreensiva e bastante didática.

Os autores, partindo do cotidiano da criança, propõem um conjunto de instrumentos e metodologias para se observar a forma de organização dos tempos e espaços da escola. Como afirma Giovanni Faedi, Responsável pelo Setor da Educação Pública do Município de Cesena, Itália, "trata-se de instrumentos e de metodologias que têm em sua bagagem um percurso de pesquisa e de reflexão já comprovados e que esperam ser aperfeiçoados" através de aplicações em novos e mais amplos campos.

Hoje temos uma dimensão mais clara sobre os efeitos da organização do trabalho pedagógico e da organização da escola sobre as crianças e suas aprendizagens e experiências sociais (cognitivas ou não). Também está claro que não se aprende somente um "conteúdo", quase sem-

---

* Professor titular da Faculdade de Educação da Unicamp.

pre com ênfase em português e matemática, mas que aprende-se com a própria organização dos tempos e espaços da escola: as crianças são formadas (ou deformadas?) do ponto de vista das relações que mantêm com as "coisas" e com as "pessoas" e não apenas instruídas. Há portanto uma dimensão oculta, que os autores chamam de "pedagogia latente ou implícita" que merece toda nossa atenção pelas conseqüências formativas e políticas que têm sobre as crianças. O espaço e o tempo escolar não são aspectos neutros, que não tenham intencionalidade, e se devidamente pesquisados, revelam as construções teóricas que estão subjacentes às práticas de educação e de ensino escolares.

O interesse pelo "dia-a-dia educativo" é visto como uma forma de refletir sobre o que se faz na escola obrigatória, nas creches e pré-escolas, com e para as crianças sem abstrair essa ação do contexto no qual ela está inserida. Portanto, a qualidade de um ambiente educativo não é determinada com base no fluxograma que une objetivos e meios (recursos, conteúdos, atividades, estilo educativo do professor, etc.) como propõe uma visão mais "de negócio" ou uma visão mais "causal probabilística" da escola, mas como assinalam os autores, é perceptível através da descrição e do sucessivo comentário do que acontece nas situações que os pequenos e os grandes vivenciam cotidianamente. Neste contexto é que emerge o interesse pelo tempo como uma sucessão de acontecimentos, com seu ritmo e dinâmica, numa perspectiva ecológica que tem efeito no indivíduo em permanente crescimento.

Este material fica agora disponível para o público brasileiro graças a um competente intercâmbio de pesquisas e estudos conduzidos pela Profa. Dra. Ana Lucia Goulart de Faria, da Faculdade de Educação da Unicamp, cuja dedicação ao estudo da educação da infância tem sido responsável por uma mudança significativa nos conceitos e práticas que antecedem a escolarização obrigatória das crianças no Brasil. Meu envolvimento com esta área é limitado ao campo dos instrumentos e métodos de pesquisa, bem como ao campo dos processos de avaliação que acontecem no sistema escolar, mas a questão da avaliação também está intimamente ligada a esta "engenharia dos tempos", daí entender que o presente volume trará grandes contribuições aos pesquisadores que estão focando a análise das práticas educativas com as crianças de 0 a 10 anos.

# INTRODUÇÃO

*Giovanni Faedi*

Nos últimos anos, as famílias têm sido cada vez mais solicitadas a testemunhar a difícil tarefa de conciliar, de harmonizar os tempos dos pais com os tempos dos filhos no que diz respeito à rotina do trabalho, da freqüência à escola, dos compromissos sociais e do lazer.

Várias instituições escolares, em nome do POF* e devido a ele, começaram a desenvolver pesquisas com o objetivo de conhecer as exigências das famílias e de avaliar eventuais modificações a serem trazidas à organização da escola. Por exemplo, variar os horários de chegada e de saída dos alunos, conciliá-los com os tempos do transporte público, ampliar a refeição ou a oferta das atividades do período vespertino.

Os municípios, por sua vez, realizam cada vez mais pesquisas sobre as dimensões temporais da vida urbana, dirigindo um olhar de respeito às famílias com crianças e às mães que trabalham fora. O objetivo perseguido é elaborar um mapa dos tempos da vida urbana, de modo a se empenhar num difícil trabalho de governo. Difícil, mas necessário numa cidade em que a economia de mercado antecipa, cada vez mais, a política e em que os bens e os espaços públicos sofrem a concorrência dos interesses privados e das necessidades setoriais.

---

* POF é a sigla italiana para Plano de Proposta Formadora (N. T.).

Está aumentando o número de municípios que procuram harmonizar os horários de abertura das repartições públicas; incentivar o uso de opções telemáticas para o despacho de documentos por parte dos cidadãos; flexibilizar o transporte urbano; promover uma gestão mais articulada dos horários de trabalho; intervir na rede de creches para a infância e para as famílias, ampliando-os e diferenciando-os na oferta e nas possibilidades de acesso.

O município de Cesena age sob essa ótica, com esses propósitos, e em abril de 1999 organizou um seminário sobre "Os tempos das crianças". Um seminário cujo objetivo, porém, não era apresentar os resultados de pesquisas sociais que oferecem um recorte amplo sobre os lugares em que as crianças passam o seu tempo cotidiano, com quem e para fazer o quê. Esse tipo de pesquisa, freqüentemente apresentada na mídia, oferece dados macroscópicos úteis que confirmam ou não as nossas opiniões sobre a condição e o estado da infância. Uma infância que geralmente nos é apresentada como cada vez mais solitária e com poucos amigos, sentada diante da televisão, com um videogame na mão e sem possibilidades de brincadeira e de socialização ao ar livre e em contextos não muito institucionalizados. Imagens pessimistas que nem sempre são fruto de um exame atento das pesquisas realizadas em campo.

O objetivo do seminário de Cesena era, ao contrário, oferecer um exame de perspectivas de pesquisa e de estudo de casos que permitissem evidenciar as qualidades do tempo e das diversas situações vivenciadas pelas crianças no seu cotidiano na escola, na família e no contexto urbano. Um exame, portanto, mais voltado para uma pesquisa sobre as qualidades do dia-a-dia que as crianças passam nos seus diferentes contextos de vida.

Este livro reúne uma série coerente de trabalhos apresentados durante o seminário. São documentos de pesquisa que ilustram instrumentos e metodologias de pesquisa preocupadas em definir indicadores que permitam compreender as características e as qualidades das seqüências temporais dos eventos do dia-a-dia das crianças. Com o objetivo de refletir sobre os modos como a sucessão das propostas educativas e das iniciativas dos adultos influencia os ambientes vivenciados pelas crianças, marca as suas experiências, valoriza ou não as suas competências na gestão das relações e dos conhecimentos.

Trata-se de instrumentos e de metodologias que têm em sua bagagem um percurso de pesquisa e de reflexão já comprovados e que esperam ser aperfeiçoados por meio de novas aplicações em campo, mais amplas.

São instrumentos e metodologias que podem ser empregados por professores e por quem trabalha nas diferentes redes para a infância. E mostram-se úteis para descrever e depois comentar o que acontece nas situações vividas cotidianamente pelas crianças; para evidenciar as formas de organização dos ambientes e dos tempos derivados dos comportamentos e das pedagogias dos educadores; para compreender a correspondência entre as intenções e as realizações; para refletir e para confrontar-se com mais consciência sobre o que se faz com e para as crianças; para ler as realidades educativas em que se trabalha; para melhor administrá-las.

Um dos principais problemas que os profissionais das escolas e das creches percebem no seu trabalho, assim como acontece em tantas outras dimensões da vida contemporânea, é que o emprego do tempo se torna cada vez mais flexível e, ao mesmo tempo, mais intenso. Dar-se tempo para indagar e para refletir sobre o tempo das crianças que nos são confiadas, sobre a gestão do tempo nos contextos formadores é um modo de qualificar as nossas profissões e as nossas creches.

*Giovanni Faedi*

Responsável pelo Setor da Educação Pública
do município de Cesena (Itália)

# Parte I

# Na escola

*O "tempo" é um aspecto significativo do crescimento infantil, que as instituições educativas — creche, pré-escola, escola elementar* — levam em conta apresentando as propostas de formação de acordo com programas e currículos ajustados para a idade de seus destinatários. Mas o tempo, entendido como modalidade com que a vida cotidiana na escola é ritmada e distribuída na sucessão dos episódios que a caracterizam, o tempo, como aspecto da complexa ecologia dessas instituições, não parece ser objeto de atenção especial, nem no âmbito da pesquisa nem nas reflexões das professoras sobre a prática. Concebido como um mero receptor de episódios dotados de significado educativo, como um "acessório" pedagogicamente irrelevante ou como um mero elo organizador, não é pensado nem projetado como um instrumento potencial de gestão educativa. No entanto, o suceder-se dos episódios na vida cotidiana na creche, na pré-escola, na escola elementar, o ritmo e a distribuição dessa sucessão, o seu andamento, rotineiro ou imprevisível, agitado ou tranqüilo, a dimensão coletiva do seu acontecer e as negociações que ela impõe para enfrentar as exigências individuais, contribuem decisivamente para caracterizar o clima social dos grupos nas instituições, para influenciar os seus comportamentos e também — e isso é ainda mais importante — para veicular comportamentos e aprendizagens sobre o significado e o uso do tempo. Uma "pedagogia latente", que age de maneira oculta, mas que nem por isso é menos eficaz, parece caracterizar os ritmos e as distribuições do tempo do dia-a-dia que as crianças, da creche à escola elementar, passam nos contextos formadores extradomiciliares, uma pedagogia que, ainda que irrefletida, veicula atitudes, hábitos, esquemas de comportamento.*

*Estudar o "tempo" na escola significa, portanto, explorar, lançar uma sonda numa das dimensões educativas mais submersas e dar início a uma reflexão livre de preconceitos sobre o emprego do tempo para fins educativos. Os textos a seguir, que propõem uma metodologia especial de observação e de leitura do dia-a-dia que as crianças passam nos diversos contextos educativos, mostram a fecundidade de uma perspectiva de pesquisa que, ainda que realizada com casos específicos, oferece a possibilidade de confrontar e de pensar sobre os efeitos de organizações temporais diferentes e particulares.*

---

* Na Itália, *Scuola elementare*, é a escola obrigatória para crianças a partir de seis anos de idade, que corresponde às séries iniciais do Ensino Fundamental no Brasil (N. T.).

# Capítulo 1

# A OBSERVAÇÃO DO CONTEXTO EDUCATIVO: uma perspectiva de pesquisa sobre os tempos do cotidiano

*Anna Bondioli*

Quem trabalha na escola e nas redes para a infância como educador ou coordenador depara com a exigência difusa de refletir sobre as experiências educativas cotidianamente oferecidas às crianças. Todo educador consciente pergunta-se que tipo de influência as atividades habitualmente propostas, as ocasiões sociais e de interação que preenchem a vida cotidiana e as situações de aprendizagem programadas e preparadas têm no desenvolvimento de cada criança e dos grupos infantis. Todo professor, ou grupo de professores, empenha-se em tornar a vida cotidiana nos contextos extradomiciliares de educação infantil agradável, motivadora, estimulante, significativa do ponto de vista educativo, e vale-se, para tanto, da própria experiência profissional, da própria criatividade e dos recursos presentes no ambiente dentro dos limites organizacionais de cada escola (horários de abertura, razão numérica educadores/crianças, tempos de presença conjunta de educadores, espaços disponíveis, mobílias, materiais e equipamentos). Todo professor, ou grupo de professores, além disso, é guiado, na concretização da proposta geral, pelas próprias idéias sobre o significado educativo que deve ser atribuído à escola, e com base nelas seleciona e avalia as propostas de atividades e de ações. Além disso, existem práticas educativas difundidas e consolidadas, que são realizadas por hábito, por se mostrarem úteis para as crianças ou para os pequenos alunos: as atividades de aprendizagem, a brincadeira, as rotinas. Enfim, existem estratégias pedagógicas comprovadas, geralmente aprendidas com as colegas mais velhas ou durante a prática do trabalho, de gestão do grupo, de uso dos espaços, de desenvolvimento das atividades. Cada ambiente educativo em particular caracteriza-se pela maneira como o grupo dos professores, baseados nas próprias idéias em matéria educativa e valendo-se de práticas e estratégias consolidadas, utiliza os recursos disponíveis para tornar o ambiente de vida infantil sereno, estimulante e eficaz do ponto de vista educativo.

Dizíamos no início que refletir sobre a influência das experiências oferecidas às crianças nas instituições educativas é uma exigência difusa, que encontra muitas dificuldades. Como o professor pode refletir sobre as propostas educativas que se apresentam como uma totalidade complexa, cujos fatores múltiplos e interligados são difíceis de identificar e, principalmente, o professor, diretamente envolvido nas relações interpessoais da vida da escola e na preparação do ambiente, tem condições de refletir sobre esse ambiente e, portanto, sobre as próprias ações, as próprias decisões, as próprias práticas?

## 1. O estudo do dia-a-dia educativo: uma proposta

Propomos aqui uma perspectiva de análise e de reflexão, amadurecida durante uma atividade de pesquisa e de trabalho com grupos de professores, que tem como objeto de estudo o dia-a-dia em diferentes contextos educativos (cf. Insegnamenti pedagogici del Dipartimento di Filosofia dell'Università di Pavia, 1993; Bondioli, Ferrari, Gariboldi, 1995; Bondioli, Ferrari, 1997; Becchi, Bondioli, 1997; Bondioli, 2000). De acordo com uma tradição de pesquisa ecológica (Lewin, Barker, Bronfenbrenner)[1] o dia que as crianças passam fora de casa em contextos

1. Em uma passagem de *Ecologia do desenvolvimento humano* (1979), Bronfenbrenner diz que boa parte da pesquisa psicológica sobre a criança em idade evolutiva é a "ciência de estranhos comportamentos infantis em situações estranhas, com adultos estranhos, pelo período mais breve possível". Essa observação provocatória subentende uma propensão e um convite para pesquisas chamadas de "naturalistas", que alterem o mínimo possível as circunstâncias nas quais as crianças habitualmente vivem e agem. Como premissa dessa escolha metodológica está a idéia, própria da

educativos apresenta-se como uma unidade temporal natural em que é possível estabelecer os episódios dotados de significado educativo que nela acontecem[2] durante o seu andamento cronológico. Estudar o dia implica, portanto, uma compreensão do contexto como *processo* no qual

---

tradição ecológica de Lewin, Barker e do próprio Bronfenbrenner, de que são exatamente as circunstâncias que devem ser ressaltadas, na medida em que se supõe uma influência determinante delas no comportamento do indivíduo. Idéia que provoca um deslocamento do foco da pesquisa sobre os sujeitos humanos: o que se estuda e observa não é um indivíduo em si e por si só, mas a interação do sujeito com o ambiente em que vive. Interação complexa porque o ambiente não tem uma caracterização somente física, mas também simbólico-cultural, e a ação dos indivíduos depende não apenas da organização concreta das situações em que se encontram inseridos, mas também do seu significado simbólico; interação complexa também porque nessa influência está presente a percepção, inevitavelmente subjetiva, que o indivíduo humano tem do contexto em que se encontra. A expressão "observação naturalista" empregada para caracterizar uma metodologia de pesquisa ecológica é, portanto, imprópria se por natural se entende algo de oposto e contrário ao cultural.

2. Goffman (1974) usa o termo *strip* (tira) para indicar "uma fatia (*slice*) ou um recorte (*cut*) arbitrários no fluxo de atividades em andamento, que incluem as seqüências de acontecimentos, reais ou fictícios, da maneira como são vistos a partir da perspectiva daqueles que estão subjetivamente envolvidos neles". Essas "tiras", referindo-se a um "conjunto bruto de episódios (seja qual for o seu *status* na realidade) ao qual se presta uma atenção especial, enquanto ponto de partida de uma análise" são escolhidas de maneira arbitrária e não se referem nem a "uma distinção natural feita pelos sujeitos investigados, nem a uma operação analítica dos estudiosos". Acreditamos que a "tira" constituída pelo dia-a-dia educativo pode ser considerada "sensatamente arbitrária", na medida em que se supõe que seja percebida como "natural" pelos atores nele presentes, por ser dotada de uma *gestalt* (início e fim, estrutura interna, distribuição rítmica) que se tornou reconhecível pela regularidade da sua repetição. Considerar o dia-a-dia educativo como uma unidade de tempo natural e como contexto privilegiado no qual "situar" os acontecimentos e as práticas que acontecem na escola significa também conceber o ambiente não só nos seus aspectos estruturais, mas no seu dinamismo temporal. O estudo do dia-a-dia educativo permite, portanto, refletir sobre o que se faz na escola com e para as crianças sem abstrair essa ação do contexto no qual é concretamente realizada: o entrelaçamento das variáveis situacionais — circunstâncias, figuras, condições educativas — pode ser observado no seu dinamismo mais do que na sua funcionalidade abstrata. Nessa perspectiva, a qualidade de um ambiente educativo não é determinada com base no algoritmo que une objetivos e meios (recursos, conteúdos, atividades, estilo educativo do professor), como determinadas concepções da "programação" induzem a pensar, mas por meio da descrição e do sucessivo comentário do que acontece nas situações que os pequenos e os grandes vivenciam cotidianamente. Sob essa ótica focalizam-se aspectos como a definição de episódio educativo, entendido como a verificação no tempo de um acontecimento reconhecível que tem uma influência no crescimento infantil, o aspecto rítmico das práticas educativas, como se entrelaçam variabilidade e duração, como as diferentes situações do dia-a-dia se ligam entre si, como ocorrem as transições de situação para situação, como determinadas situações se concentram em determinadas ocasiões, como outras se repetem com regularidade e outras acontecem excepcionalmente. O tempo (sucessão de acontecimentos, seu ritmo e distribuição) configura-se, portanto, como um foco privilegiado de observação, e o dia é o recorte, sensatamente arbitrário, no qual esse foco pode ser evidenciado.

a duração, o suceder-se das situações, a sua repetição rítmica e a sua distribuição constituem, igualmente, aspectos relevantes da ecologia que têm um efeito no indivíduo em desenvolvimento.

A perspectiva que propomos implica uma reflexão centrada mais no "ser" do que no "ter de ser"; não se trata de observar o que acontece para julgar em função de um modelo de "boa escola", nem de "verificar" a distância entre "o que foi programado" e "o que efetivamente se realizou", mas de prestar atenção ao que acontece no contexto escolar e de refletir sobre a pedagogia "latente" ou "implícita" que a gestão dos episódios subentende, uma pedagogia geralmente não expressa, apreensível a partir da maneira como as práticas cotidianas são organizadas, conduzidas e realizadas.[3]

## 2. A perspectiva da observação

O primeiro passo consiste em um trabalho de observação. Trata-se de se colocar momentaneamente "fora" do contexto no qual se atua habitualmente para observá-lo e descrevê-lo.[4] Trata-se de assumir uma pers-

---

3. Por pedagogia latente entende-se o conjunto das práticas, das regras, dos hábitos, das rotinas, dos acontecimentos, das atividades e dos costumes característicos de determinado contexto, que, mesmo não estando totalmente sujeito a deliberações conscientes por parte dos agentes educativos, tem de alguma forma uma influência formadora nas crianças que nesse contexto, ou melhor, a partir desse contexto, são chamadas a aprender. Partimos da hipótese de que a adaptação de uma criança a um contexto educativo é um processo de aprendizagem que relaciona regras de comportamento, *bien-faire*, *savoir-faire*, modalidades de interação e relação com diversas figuras, condutas apropriadas aos papéis, e que essa aprendizagem é profundamente influenciada pelas situações que a criança vivencia cotidianamente, ainda que essas situações não estejam sob o controle direto dos agentes educativos.

4. O estudo do contexto educativo, que é para nós sinônimo de observação pedagógica da criança, contempla, por um lado, circunstâncias nas quais a ação educativa acontece e, por outro, o conjunto dos significados atribuídos a essas circunstâncias pelos sujeitos envolvidos nela: adultos e crianças. A perspectiva do observador em relação ao fenômeno estudado não é, portanto, irrelevante. Se o foco da pesquisa for o indivíduo no contexto, ou melhor, a interação sujeito-ambiente, que compreende também a percepção que o próprio sujeito tem do mundo em que vive, o olhar do observador tem de ser estrábico: por um lado, deve ter um horizonte mais extenso e mais descentralizado em relação ao de cada sujeito estudado; por outro, não pode eximir-se de tentar compreender a situação do ponto de vista "interno", que é o ponto de vista do sujeito. A "posição" do observador não é, portanto, irrelevante e sua tarefa será mais fácil ou mais difícil dependendo da distância em relação ao contexto e aos sujeitos de observação. A observação do contexto educativo, na perspectiva por nós apresentada, não é assim um puro registro — quando

pectiva "de representação" em vez da perspectiva de um ator específico, ainda que privilegiado e importante como é o professor. Propomos considerar o que se apresenta aos olhos do observador — o dia escolar — como uma espécie de representação teatral com um início, um fim e um desenrolar temporal marcado em "tempos" e "atos"; estes últimos, por sua vez, caracterizados pela sucessão de diversos episódios.

## 3. Os focos da observação

Cada episódio do dia acontece, portanto, em um *cenário* (o espaço no qual se dá o evento), é representado por um elenco de *atores* (os participantes do episódio) que *atuam* na cena (atividades desenvolvidas), *interagindo* socialmente (agrupamentos), sob a *direção* eventual de um diretor (modalidade de gestão).

Portanto os focos de observação, que coincidem com os elementos significativos dos episódios que marcam cada episódio educativo, são os seguintes:

— o *espaço* (o cenário) em que ele acontece;[5]

---

muito se pode dizer um registro puro! — do que acontece em determinadas regiões do espaço (uma determinada creche, uma determinada turma de uma pré-escola, uma classe da escola elementar) em um dado momento (sexta-feira, 9 de abril de 1999, às 10h30), mas uma tentativa de dar uma resposta à pergunta proposta por Goffman, "o que está acontecendo aqui?". Pergunta suspeita, observa o próprio Goffman, já que "qualquer episódio pode ser descrito enfocando um campo mais amplo ou mais restrito e [...] em primeiro plano ou em profundidade. E ninguém dispõe de uma teoria relativa ao tipo de enfoque a ser adotado e à distância. Uma questão análoga está ligada à perspectiva. Quando os papéis daqueles que participam de uma atividade são diferenciados [...] a visão que uma pessoa tem daquilo que está acontecendo pode ser muito diferente da visão dos outros. Uma atividade que é lúdica para o jogador de golfe é um trabalho para o carregador de tacos" (Goffman, 1974, p. 23).

5. Em um ambiente institucional como o observado, os espaços assumem significados peculiares devido às características funcionais e sociais que os distinguem. A sala da turma, por exemplo, é o ambiente de referência de um grupo, qualifica a sua pertinência e, como tal, é vivenciado como espaço "próprio" que deve ser defendido de estranhos ou que deve ser aberto a eventuais hóspedes. Outros espaços caracterizam-se por suas funções específicas: ateliês, banheiros, salas de descanso e são qualificados pelo tipo de atividade que neles se realiza predominantemente, pelas modalidades habituais de uso. Em todo caso, cada espaço é caracterizado socialmente, já que regulado por normas de acesso e de permanência, por proibições e por âmbitos de ação pertinentes. A organização do espaço e a disposição da mobília e dos materiais também prefiguram modos de comportamentos, favorecendo ou não as interações, sugerindo atividades, permitindo, em maior ou menor medida, âmbitos de autonomia ou de isolamento. O "cenário", portanto, não é apenas um receptor, mas um aspecto significativo e determinante do episódio.

— os *participantes* (os atores presentes em cena e os seus diversos papéis[6]);

— as *atividades* (as ações representadas pelos atores[7]);

---

6. Ainda que se observe um grupo institucional dentro da escola, isto é, as crianças ou os estudantes de uma classe e os seus professores, o observador tem como foco o cenário em que esse grupo institucional atua, no decorrer do dia. Nem todos os atores institucionais estão sempre presentes em cena: os professores se sucedem durante o dia, os alunos podem ausentar-se por períodos mais ou menos longos, para desenvolver atividades em espaços separados, e, nos casos em que é concedida uma certa liberdade de ação, podem participar da vida de outras turmas. Além disso, às vezes aparecem outras figuras: serventes, bedéis, hóspedes provenientes de outras classes. Os participantes são os atores presentes em cena. A presença-ausência deles e a presença-ausência de outras pessoas não pertencentes ao grupo institucional caracterizam diferentemente o clima social e relacional de um determinado episódio. Basta pensar no comportamento diferente das crianças na presença de um certo professor, na presença dos pais, quando muitos colegas estão ausentes, quando o número de participantes se reduz ou, ainda, quando estranhos, por exemplo, substitutos, estão no lugar dos adultos de referência. A observação dos participantes implica a anotação de qualquer variação em relação ao grupo de referência, variação que se supõe que possa ter alguma influência no clima total do episódio ou da situação que se está observando.

7. As situações que se sucedem durante o dia podem ter um caráter mais informal ou menos informal em relação à liberdade concedida aos atores para representar em cena; podem configurar-se como rotinas, ou seja, como situações habituais que se desenrolam cotidianamente com uma estrutura pré-ordenada, ou como situações inéditas e ocasionais; as atividades que aí se desenrolam podem ter uma qualidade instrucional mais marcada ou menos marcada ou podem configurar-se como passatempos, brincadeiras, momentos de convívio (por exemplo, o almoço) ou organizacionais (por exemplo, a preparação de materiais para as atividades seguintes ou a arrumação). As atividades realizadas pelos diversos atores em cena devem ser colocadas num quadro de referência que organize o seu sentido. Comer um sanduíche pode, por exemplo, ser uma atividade permitida durante a recreação, mas proibida durante as aulas. Se na redação do parecer, a descrição da atividade é feita relatando em detalhes as ações dos participantes, a análise das situações de atividade, ao contrário, deve ser feita tentando compreender o sentido que elas assumem para todo o grupo dos participantes. Mesmo não podendo fornecer uma tipologia exaustiva das situações de atividade, que podem variar muito de contexto para contexto, indicamos as que foram identificadas com maior freqüência em algumas pesquisas realizadas com o instrumento. São elas: a *rotina* (chegada, chamada, almoço, lanche, recreação, higiene pessoal, saída), as *atividades didáticas*, ou seja, atividades de ensino-aprendizagem (por exemplo, na creche, brincadeira heurística, narração e escuta de histórias, manipulação de argila, pintura etc.; na pré-escola: música, dança, atividades motoras, colagens, brincadeiras dirigidas; na escola elementar: ditado, resolução de problemas aritméticos, redação, conversa dirigida, aulas de história, de geografia, de ciências etc.), as *atividades lúdicas* (por exemplo, a recreação na escola elementar, os momentos de brincadeira livre na pré-escola), as *atividades organizacionais* (arrumação, preparação de materiais para a atividade seguinte, subdivisão das crianças em grupos etc.), as *atividades informais ou atividades concomitantes*, nas quais os participantes têm ampla liberdade de ação e não são caracterizadas por um foco comum, os *momentos de transição*, momentos de espera geralmente curtos, caracterizados pela ausência de ações específicas ou pelo deslocamento de um lugar para outro. Ao lado do tipo de situação deve ser indicado, se for evidente, o tipo específico de atividade para a qual o grupo, no seu todo, é chamado a dedicar-se.

— os agrupamentos ou *modalidades sociais de desenvolvimento da atividade* (os modos como atores se agrupam para representar as ações[8]);

— *as modalidades de gestão*, ou seja, as modalidades mais ou menos obrigatórias com que o diretor dirige a representação dos atores;[9]

— a *duração* (determinados episódios são longos, outros curtos);

— a *posição* na seqüência temporal (um episódio ocorre no primeiro ou no segundo tempo, antes ou depois de um determinado acontecimento).

## 4. A elaboração da ficha de observação

Na prática, preenche-se uma ficha do tipo "lápis e papel" de tudo o que acontece em uma turma de creche, pré-escola ou escola elementar,

8. O clima geral de um episódio não é influenciado somente pelo tipo e pelo conteúdo das atividades que aí se desenvolvem, mas também pelo modo como os participantes se agregam ou são chamados a se unir para realizá-las. A participação dos atores nas diversas situações de atividade pode acontecer de acordo com modalidades informais: os participantes associam-se ou dispersam-se à vontade (*agregação livre*) ou de acordo com esquemas preestabelecidos. Neste último caso, podemos encontrar modalidades de realização da atividade individual — cada ator realiza a própria atividade individualmente, sem unir-se a outros (*tarefa individual*) — ou sociais: atividades *em dupla* (por exemplo, durante uma aula de judô os alunos lutam dois a dois), em *pequenos grupos* (três crianças, em uma plataforma, brincam com as construções), *em grupo* (por exemplo, todas as crianças da turma em círculo cantam uma música ou escutam a professora ler uma história). A análise e o comentário das modalidades sociais de desenvolvimento da atividade nos contextos educativos são particularmente importantes na medida em que permitem compreender alguns aspectos da "pedagogia latente", de que falamos anteriormente, que têm influências na socialização infantil.

9. Diz respeito à organização geral da cena e compete ao diretor que, geralmente, no contexto escolar é o professor. A modalidade indica, por um lado, o grau de participação do diretor no episódio educativo e, por outro, o grau de liberdade de decisão e de organização concedida aos participantes. Mesmo conscientes da ampla gama de modalidades com que pode ser conduzida a gestão de um grupo, sugerimos uma participação tripartida, que é a mais freqüente nas fichas analisadas. O episódio pode ser *dirigido* pelo professor, que estrutura o acontecimento escolhendo as atividades que devem ser realizadas, sugerindo as modalidades de agregação social, os espaços e os tempos e dirigindo pessoalmente o desenvolvimento da atividade (por exemplo, o professor dá a aula, dirige uma atividade motora, indicando quais exercícios fazer e como, faz perguntas e dirige uma conversa) ou *gerenciado de maneira autônoma pelas crianças* (por exemplo, as crianças arrumam a sala enquanto a professora corrige os exercícios; as crianças brincam e a professora bate papo com a colega), ou ainda pode ser uma modalidade de gestão *intermediária* caracterizada pelo fato de que a educadora, sem dirigir diretamente a atividade, intervém predispondo materiais, fornecendo instruções para as atividades, acompanhando o seu desenvolvimento, ajudando ocasionalmente algumas crianças.

desde o momento da chegada até o da saída, assinalando as mudanças de espaço, participantes, atividades, agrupamentos, gestão e anotando freqüentemente a hora.[10]

## 5. A análise do dia-a-dia: os indicadores

A ficha de observação, previamente elaborada, é analisada identificando os diferentes episódios que a compõem. Parte-se da leitura de um trecho da ficha de observação e assinalam-se os aspectos característicos do episódio: espaço, atividades, participantes, agrupamentos, modalidades de gestão. Quando pelo menos um aspecto se modifica, procede-se à leitura da ficha e à codificação do episódio seguinte. Definem-se, assim, os diferentes episódios que compõem o dia considerando que cada um dos episódios se diferencia do episódio que o antecede e do seguinte por uma mudança em pelo menos uma das dimensões consideradas. Obtém-se, assim, um quadro geral do dia-a-dia que se presta a diferentes tipos de leitura.

O quadro nada mais é do que a transcrição, com base nas categorias de análise predispostas, da ficha de observação. A partir do quadro é

10. Em consonância com a abordagem descritivo-interpretativa de que falamos nos parágrafos anteriores, escolhemos um procedimento de observação sem categorias predefinidas de análise. A tarefa do observador é transcrever da maneira mais detalhada possível, com o método "lápis e papel", o suceder-se das situações de um dia escolar, em uma determinada unidade institucional (turma, classe), desde o momento da chegada das crianças até a saída. O foco da observação é de amplo alcance: não uma única criança, como nas observações "criança alvo", não a interação entre educador e alunos, como nos estudos sobre o comportamento docente, mas o suceder-se dos acontecimentos nos quais os participantes (professores e crianças) estão envolvidos. A metodologia de observação inspira-se na "hemerografia" dos estudiosos de psicologia ecológica, descrições detalhadas e analíticas da vida de uma pessoa durante um dia (cf. Barker, Schoggen, Barker, 1955; Barker, Wright, 1955). Diferentemente da observação de teor etológico, que descreve de modo acurado unidades mínimas de comportamento (movimentos corporais, gestos, posturas) e reconstrói o significado delas somente *a posteriori*, as hemerografias descrevem os comportamentos de um indivíduo como atos intencionais, dotados, desde o início, de sentido. Quem observa o dia-a-dia escolar deve, portanto, colocar-se a partir do ponto de vista dos participantes e descrever os episódios como situações significativas para aqueles que as estão vivendo. Uma situação, então, deve ser descrita em termos de atividades realizadas pelos participantes, em relação aos quais devem ser observados: a disposição no espaço, a proxêmica, os discursos. O objetivo é descrever o clima geral do encontro, compreender os papéis e as dinâmicas entre os diferentes atores, as modalidades de agregação e de interação, o significado propriamente institucional de cada situação.

possível deduzir uma série de indícios sobre os quais refletir para compreender a qualidade do tempo e das situações passadas na escola.

*Número total de situações durante o dia e sua duração.* Dado um dia escolar típico, que tem uma determinada duração, o número total de episódios encontrados indica a fragmentação do tempo escolar em unidades pouco ligadas entre si; teríamos a fragmentação mínima no caso, totalmente irreal, de um dia constituído de uma única situação. O número total das situações também influi parcialmente na duração delas, sendo que o tempo médio para a situação é dado de maneira abstrata, pela razão entre tempo total e número de situações. Mas isso nem sempre é verdadeiro, já que podemos encontrar dias nos quais coexistem poucas situações longas e uma variedade de situações rápidas.

*O índice de continuidade/descontinuidade.* A determinação de cada episódio baseia-se no encontro de pelo menos um elemento de descontinuidade em relação ao episódio anterior e ao seguinte. Os episódios podem ser mais ou menos descontínuos, um em relação ao outro, dependendo do número de fatores que variam: menos descontínuos são os episódios em que um único fator varia; mais descontínuos os episódios em que variam todos os fatores.

*Duração e tipo das situações do dia-a-dia escolar.* A porcentagem de tempo empregada nas atividades didáticas, organizacionais, nas rotinas e nas pausas indica o peso atribuído a elas na organização geral, um peso do qual nem sempre os professores estão conscientes, dado que o plano programado do emprego do tempo não coincide quase nunca com a distribuição efetiva do tempo durante o dia.

*Colocação e ritmo das situações no dia-a-dia escolar.* A concentração de certos tipos de situações de manhã ou à tarde pode caracterizar de maneira diferente as duas macrodivisões temporais em que se divide o dia escolar. Na pré-escola, por exemplo, as situações didáticas freqüentemente são distribuídas de manhã e as rotinas à tarde, conferindo, assim, aos dois períodos um significado diferente que configura a pré-escola como "escola" de manhã e como lugar de abrigo e cuidado infantil à tarde. Mas pode também acontecer uma maior fragmentação de manhã e uma maior continuidade à tarde.

*Índices relativos às diferentes dimensões: espaços, atividades, participantes, agrupamentos, modalidades de gestão.* É possível considerar os índices até agora aplicados ao dia-a-dia no seu conjunto em relação às diferentes dimensões de análise identificadas. É, assim, possível identificar, para cada uma delas, a quantidade de tempo passada nos diferentes espaços, dedicada às diferentes atividades, caracterizada pela presença de determinados participantes, agrupamentos, modalidades de gestão, a relativa descontinuidade/continuidade de cada dimensão, e como uma determinada variável se apresenta durante o dia.

O instrumento que apresentamos permite, como vimos, uma pluralidade de leituras que podem ser de suporte, no âmbito da pesquisa avaliativa e no de formação dos professores. A grade se presta tanto para compreender a fisionomia particular, única e irrepetível, de um determinado dia, em um determinado contexto, como para comparar dias diferentes com o objetivo de evidenciar a existência de traços comuns ou padrões educativos recorrentes, e entende-se padrão educativo como as formas de organização do ambiente e do tempo que se originam de "filosofias educativas", freqüentemente implícitas e latentes.

## Textos citados

BARKER, R. G.; SCHOGGEN, M.; BARKER, S. L. "Hemerography of Mary Ennis". In BURTON, A. & HARRIS, E. (orgs.). *Clinical Studies of Personality*. Nova York, Harper and Row, 1955.

BARKER, R. G. & WRIGHT, H. F. *One's boy day*. Nova York, Harper and Row, 1955.

BECCHI, E. & BONDIOLI, A. (orgs.). *Valutare valutarsi*. Bergamo, Edizioni Junior, 1997. [Edição brasileira: *Avaliando a pré-escola: uma trajetória de formação de professoras*. Tradução de Fernanda Ortale. Campinas, Autores Associados, 2003.]

BONDIOLI, A. "Riflettere sulla giornata scolastica: uno strumento e un percorso di valutazione formativa". In: BONDIOLI, A. & FERRARI, M. (orgs.). *Manuale di valutazione del contesto educativo*. Milão, Angeli, 2000.

BONDIOLI, A. & FERRARI, M. "L'analise della giornata educativa". *Dirigenti Scuola*, XVIII (3), 1997, pp. 27-32.

BONDIOLI, A.; FERRARI, M. & GARIBOLDI, A. "La giornata educativa: elementi di analisi". In: BECCHI, E. (org.). *Manuale della scuola del bambino dai tre ai sei anni*. Milão, Angeli, 1995.

BRONFENBRENNER, U. *Ecologia dello sviluppo umano*. Bolonha, Il Mulino, 1986 (ed. orig. 1979). [Edição brasileira: *A Ecologia do desenvolvimento humano: experimentos naturais e planejados*. Porto Alegre, Artmed, 1996.]

GOFFMAN, E. "Introduzione a *Frame Analysis*", trad. it., *Aut aut*, 269, 1995, pp. 17-34 (ed. orig. 1974).

INSEGNAMENTI PEDAGOGICI DEL DIPARTIMENTO DI FILOSOFIA DELL'UNIVERSITÀ DI PAVIA (org.). *La giornata educativa nella scuola dell'infanzia*. Bergamo, Edizioni Junior, 1993.

# Capítulo 2

# O DIA-A-DIA EDUCATIVO NA CRECHE

*Eva Galdabino*

O significado de uma proposta teórica, e, portanto, de estudo e pesquisa, de tipo ecológico — do modo como emerge da reflexão de um de seus expoentes — pode ser sintetizado na afirmação de que nela *"[...] o percebido é considerado mais importante que o efetivo e o irreal mais válido que o real"* (cf. Bronfenbrenner, 1979, p. 58). Acredito que essa afirmação contém, ao menos de forma inicial, as razões que fundamentam e sustentam uma investigação como a que propomos: compreender e explicitar os aspectos do fazer educativo que podem escapar, mas também ir além da prática de programar, e que de algum modo são momentos fundadores do cotidiano nas instituições para os pequenos e pequeninos, momentos cujo significado educativo corre o risco de permanecer não declarado do ponto de vista teórico.

Esses traços de uma pedagogia que poderíamos chamar *latente* caracterizam com força particular a vida no interior das turmas da creche; podemos realmente afirmar que a conotação relacional-afetiva da interação entre o ambiente e o indivíduo, nesse contexto específico, é mais forte do que em qualquer outro. A tentativa, portanto, de conhecer os tempos, os lugares e os modos em que esta se exprime na creche, por meio do instrumento de análise do dia-a-dia, leva inevitavelmente a forçar os limites do próprio instrumento, mas implica também uma nova reflexão sobre a adequação quanto ao objetivo para o qual foi concebido no contexto em que é aplicado.

É nesse horizonte que se insere o trabalho que aqui será apresentado sobre a análise de um dia na turma dos "grandes", observada durante a primavera de 1997, numa creche de uma cidade do nordeste da Itália, com mais de 250 mil habitantes. Para esse estudo, foram necessárias algumas variações na grade de análise aprimorada para estudar o dia-a-dia na escola elementar e na pré-escola, na tentativa de identificar critérios interpretativos que refletissem a fisionomia peculiar do cotidiano na creche.

## 1. Adaptação do instrumento

Se detalhássemos um dia na creche de acordo com os critérios do instrumento apresentado no capítulo anterior (cf. Bondioli, neste livro), ele ficaria extremamente fragmentado, quase *desintegrado;* e além disso, não teria uma relação significativa com a situação da forma como ela é descrita por meio da observação. Isso ocorre porque, no caso da creche, a unidade temporal adotada (o episódio) se desagrega dentro de si em dois ou mais *subepisódios*. Na impossibilidade, portanto, de fazer corresponder a cada variação de um único marcador uma mudança de episódio, optamos substancialmente por um aumento do limiar de sensibilidade do instrumento. Essa operação, embora nos permita identificar unidades temporais precisas (os episódios), permite ainda analisá-las na sua composição (subepisódios). Desse modo, o instrumento sofre uma primeira adaptação com relação à realidade da creche, cujos tempos — como vimos — são mais variados em comparação com a pré-escola e, sobretudo, com a escola elementar.

Se considerarmos a tabela 2, na qual aparece o andamento do período da tarde do dia analisado, o *episódio 20* (subepisódios 20A, 20B, 20C e 20D) é exemplar: das 14h46 às 15h12, um único episódio de rotina/poliatividade* caracteriza a ação nesta turma, mas ele é constituído de momentos diferentes. O episódio em questão (essencialmente rotineiro)

* Em italiano, *poliattività* refere-se a várias atividades realizadas de maneira concomitante. Utilizaremos neste livro o termo "poliatividade" como tradução em português (N. T.).

é precedido e seguido de duas transições[1] que o delimitam: poderíamos dizer que todo o episódio 20 é um período transitório; mas como se relacionam os seus subepisódios (o despertar, a troca de roupa, a despedida e a poliatividade) do ponto de vista da criança, do educador e do observador? Um paralelo entre o marcador mais variável (a atividade) e os mais estáveis fornece uma interpretação temporal que pode ser definida como cumulativa. Enquanto uma atividade continua (o despertar), as

**Tabela 1:** Quadro de distribuição do tempo da manhã

| E | SE | HORA | DE | ATIVIDADE | ESPAÇO | PARTICIPANTES | MSD | MG |
|---|---|---|---|---|---|---|---|---|
| 1A | 1 | 7h58 | 8 | Jogo simbólico | Salão | 1 educ.+3 crianças | Grupo | Inter |
| 1B | 2 | | | Recepção | Salão | 1 educ.+crianças+ parente | Individual | Inter |
| 2A | 3 | 8h06 | 40 | Construções | Salão | 1 educ.+crianças | Grupo | Inter |
| 2B | 4 | | | Recepção | Salão | 1educ.+crianças+parente | Individual | Inter |
| 3A | 5 | 8h46 | 17 | Poliatividade | Salão | 1 coord.+crianças | Livres agregações. | Inter |
| 3B | 6 | | | Recepção | Salão | 1educ.+crianças+parente | Individual | Inter |
| 4 | 7 | 9h03 | 8 | Troca de roupa | Banheiro | 1 educ.+1 coord.+ 13 crianças | Grupo | Inter |
| 5 | 8 | 9h11 | 4 | Transição | Salão | 1 educ.+1 coord.+ 13 crianças | Grupo | Inter |
| 6 | 9 | 9h15 | 22 | Café da manhã | Sala referência | 1 educ.+7 crianças | Grupo | Inter |
| 7 | 10 | 9h37 | 9 | Transição | Sala referência | 1 educ.+7 crianças | Grupo | Inter |
| 8 | 11 | 9h46 | 55 | Manipulação | Sala referência | 1 educ.+7 crianças | Grupo | Inter |
| 9 | 12 | 10h41 | 7 | Transição | Sala ao lado | 1 educ.+13 crianças | Livres agregações | Inter |
| 10 | 13 | 10h48 | 34 | Jogo simbólico | Sala referência | 1 educ.+7 crianças | Grupo | Inter |
| 11 | 14 | 11h22 | 4 | Transição | Sala referência | 1 educ.+7 crianças | Livres agregações | Inter |
| 12 | 15 | 11h26 | 4 | Roda | Salão | 2 educ.+13 crianças | Grupo | Auto |
| 13A | 16 | | 7 | Leitura | Salão | 2 educ.+13 crianças | Pequeno grupo | Dir |
| 13B | 17 | 11h30 | | Troca de roupa | Banheiro | 2 educ.+13 crianças | Pequeno grupo | Dir |
| 14 | 18 | 11h37 | 18 | Transição | sala referência | 1 educ.+7 crianças | Grupo | Inter |
| 15 | 19 | 11h55 | 18 | Almoço | sala referência | 1 educ.+7 crianças | Grupo | Inter |

Legenda:
E - número do episódio
SE - número do subepisódio
DE - duração do episódio
MSD: modalidades sociais de desenvolvimento da atividade

MG: modalidade de gestão
inter: intermediárias
auto: autônoma
dir: dirigida

Participantes:
Conforme entram e saem
Coadjuvantes
Turnos

1. Por transições entendem-se momentos de mudança de atividade (ver mais adiante na p. 24).

**Tabela 2:** Quadro de distribuição do tempo da tarde

| E | SE | HORA | DE | ATIVIDADE | ESPAÇO | PARTICIPANTES | MSD | MG |
|---|---|---|---|---|---|---|---|---|
| 16 | 20 | 12h13 | 13 | Transição | Lugar dos grandes | 2 educ.+13 crianças | Livres agregações | Inter |
| 17$^A$ | 21 | 12h26 | 14 | Poliatividade | Lugar dos grandes | 2 educ.+13 crianças | Livres agregações | Auto |
| 17B | 22 | | | Troca de roupa | Banheiro | 2 educ.+13 crianças | Pequeno grupo | Dir |
| 18 | 23 | 12h40 | 4 | Transição | Quarto | 2 educ.+13 crianças | Individual | Inter |
| 19 | 24 | 12h44 | 122 | Descanso | Quarto | 13 crianças | Individual | Auto |
| 20$^A$ | 25 | 14h46 | 27 | Despertar | Quarto | 1 educ.+13 crianças | Individual | Inter |
| 20B | 26 | | | Troca de roupa | Banheiro | 1 educ.+13 crianças | Pequeno grupo | Dir |
| 20C | 27 | | | Despedida | Salão | 1 educ.+1 menina+parente | Individual | Dir |
| 20D | 28 | | | Poliatividade | Banheiro+salão | 2 educ.+12 crianças | Livres agregações | Auto |
| 21 | 29 | 15h13 | 5 | Transição | Banheiro+sala referência | 2 educ.+12 crianças | Livres agregações | Inter |
| 22 | 30 | 15h18 | 10 | Lanche | Sala referência | 2 educ.+12 crianças | Grupo | Inter |
| 23 | 31 | 15h28 | 3 | Higiene pessoal | Sala referência | 2 educ.+12 crianças | Grupo | Dir |
| 24 | 32 | 15h30 | 14 | Transição | Sala referência | 2 educ.+12 crianças | Livres agregações | Inter |
| 25 | 33 | 15h35 | 6 | Construções | Salão | 1 educ.+10 crianças | Grupo | Inter |
| 26$^A$ | 34 | 15h41 | 31 | Despedida | Salão | 1educ.+crianças+parente < | Individual | Dir |
| 26B | 35 | | | Poliatividade | Salão | 1 educ.+crianças < | Livres agregações | Inter |

Legenda:
E - número do episódio
SE - número do subepisódio
DE - duração do episódio
MSD: modalidades sociais de desenvolvimento da atividade

MG: modalidade de gestão
inter: intermediárias
auto: autônoma
dir: dirigida

Participantes:
Conforme entram e saem
Coadjuvantes
Turnos

outras atividades — de fato — podem ser consideradas sucessivas se observadas do ponto de vista de cada ator, seja da criança que as realiza (primeiro a troca de roupa e depois, para um deles a despedida e para todos os outros a poliatividade), seja das educadoras, que passam de uma para a outra, mas podem ser também consideradas numa relação de contemporaneidade/alternância se nossa intenção for compreender o sentido da ação cênica (perspectiva do observador): todas as crianças, à medida que acordam, são trocadas e brincam livremente.

A divisão em subepisódios permite-nos avaliar também o entrelaçamento e a permanência, no decorrer do episódio, das variáveis situacionais: espaços, participantes, modalidades sociais de desenvolvimento e modalidades de gestão. Nesse caso, por exemplo, uma situação muito fluida do ponto de vista tanto da própria atividade como dos espaços e dos participantes tem uma modalidade social predominante (a individual) e, sobretudo, uma modalidade de gestão que prevê a intervenção do adulto em três subepisódios, equilibrados por um quarto em que as crianças são autônomas.

É claro, portanto, que esse episódio, que definimos como inteiramente transitório, é caracterizado por uma notável flexibilidade, na qual, porém, são reconhecíveis modelos de desenvolvimento. Consideramos o equilíbrio entre estruturação e flexibilidade um indicador de boa qualidade da turma da creche em exame.

Também para evitar uma demasiada fragmentação dos episódios, resumimos posteriormente a distribuição do dia na creche com base em sete macrounidades temporais identificadas em todas as turmas até agora[2] estudadas; esses sete tempos são:

— entrada;

— início da manhã;

— manhã;

— almoço;

— antes do descanso;

— descanso;

— após o descanso.

Indicamos para cada período, a duração (d), a moda* de cada índice (a tipologia mais freqüente no lapso de tempo considerado) e a porcentagem de tempo que deriva da sua relação (%t).[3] Além de fornecer um primeiro panorama geral sobre o dia analisado, essa nova distribuição permite ainda uma eventual comparação simplificada entre turmas (cf. tabela 3).

---

2. Uma turma de pequenos, uma turma dos do meio, cinco turmas de grandes; no total de seis creches de duas cidades diferentes.

* Moda, em estatística, é o valor da variável que corresponde a um máximo em uma distribuição de freqüência (N. T.).

3. Esta última indicação quantifica a significância da própria moda e, portanto, a estabilidade ou instabilidade do período.

**Tabela 3:** Quadro de distribuição de acordo com tempos comuns na creche

| PERÍODO | DP | ATIVIDADE | %T | ESPAÇO | %T | PARTICIPAÇÃO | %T | MSD | %T | MG | %T |
|---|---|---|---|---|---|---|---|---|---|---|---|
| Entrada | 65 | Recepção | 50 | Salão | 100 | Turma | 100 | I | 50 | inter | 100 |
| Início da manhã | 43 | Café da manhã | 51,1 | Sala referência | 72 | Subgrupo | 72 | G | 100 | Inter | 100 |
| Manhã | 100 | Manipulação | 55 | Sala referência | 100 | Subgrupo | 100 | G | 89 | Inter | 100 |
| Almoço | 47 | Trans/almoço | 76,5 | Sala referência | 76,5 | Subgrupo | 76,5 | G | 89 | Inter | 100 |
| Antes do descanso | 27 | Poli/troca de roupa | 51,8 | Lugar dos grandes | 74 | Turma | 51,8 | LA | 74 | Inter | 50 |
| Descanso | 126 | Sono | 96 | Quarto | 100 | Turma | 100 | I | 100 | Aut | 96 |
| Após o descanso | 49 | Lanche | 20,4 | Banheiro | 37,7 | Turma | 64,2 | I | 27,5 | Inter | 52,5 |
| Saída | 37 | Poli/despedida | 83,7 | Salão | 100 | Turma | 58,1 | I/LA | 83,7 | Inter | 58,2 |

DP: duração do período expressa em minutos
%T: porcentagem de tempo relativo à moda
MSD: modalidades sociais de desenvolvimento da atividade
I: individual — G: grupo — LA: agregações livres

## *1.1. Atividades*

Distinguimos quatro tipos de atividades: rotina, transição, poliatividade e *atividade específica*. Esta última substitui aquela que, no instrumento pensado para a pré-escola, era definida como atividade didática e se refere a todas as atividades que não entram nas outras categorias (como a atividade motora, lúdico-simbólica, de manipulação etc.).

Entre as rotinas aparece um novo item, *o despertar*: um tempo importante do dia-a-dia da creche que quisemos evidenciar.

Mas a novidade mais importante consiste na ênfase dos momentos de passagem entre atividades que definimos como *transições*: na creche, parecem numerosas essas *zonas francas*, em que vêm à luz as modalidades de trânsito dos adultos e crianças entre atividades mais ou menos integradas entre si. Identificamos quatro tipos de transição com base em traços comuns identificados nas creches, que são:

— de deslocamento: o deslocamento físico dos protagonistas de um cômodo para outro ou de um lugar para outro do mesmo cômodo;

— rituais:[4] uma série de hábitos consolidados dentro dos grupos observados, sobretudo com fim preparatório para a atividade

4. O termo "rito" tem uma conotação fortemente religiosa. Como se lê no dicionário, nesse âmbito, ele é sinônimo de *tornar público*, no sentido de compartilhar e de *realizar* (uma relação), no sentido de concretizá-la. Podemos recompor essas definições no significado de uma afirmação de Geertz (1966, p. 167), que o antropólogo fazia com relação à interpretação dos rituais religiosos:

sucessiva (por exemplo, lavar as mãos ou colocar o babador antes do almoço);

— verbais: todas as trocas verbais que, com diferentes modalidades, aludem ou se relacionam especificamente ao momento transitório (por exemplo, a educadora responde às solicitações dos pequenos sobre *o que acontece agora*, ou então antecipa qual atividade irão começar);

— de atmosfera: a alteração das características ambientais e relacionais do contexto em que vivem os sujeitos observados (por exemplo, diminuir a luz, moderar o tom da voz ou colocar a música adequada para que adormeçam).

O que tornou possível a codificação desses momentos transitórios foi a sua gestão não improvisada, que os torna reconhecíveis tanto para nós quanto para os pequenos protagonistas da vida na creche.

## *1.2. Espaço*

O que tem um papel fundamental para determinar a relação entre o espaço e os outros índices da grade na creche é o fator *material*, que com sua quantidade, disponibilidade e modalidade de oferta pode estabelecer ligações onde ocorre, por exemplo, uma transição entre atividades diferentes ou uma modificação na composição do grupo. O tempo medido para cada espaço guia o olhar na busca das características dos próprios lugares em que o grupo vive, em relação à preparação do próprio espaço por parte dos adultos, através das ofertas de áreas e materiais, mas também através da sugestão de *percursos ambientais* e do apoio das *escolhas de convívio* realizadas pelas próprias crianças.

No caso da turma dos grandes, por exemplo, o material à disposição, mesmo sendo de notável quantidade, está subdividido em áreas que o contextualizam e o tornam acessível. Visto que a organização geral da sala de referência leva em conta desejos e interesses que as crianças ma-

---

"Num ritual, o mundo como é vivido e o mundo como é imaginado, fundidos juntos sob a ação de um conjunto de formas simbólicas, revelam ser o mesmo mundo". Trazer a essência desses conceitos ao contexto em que trabalhamos, acredito que possa justificar a escolha de uma palavra tão densa de implicações, porém não estranhas conceitualmente ao horizonte pedagógico.

nifestam, as possíveis modalidades de uso dos materiais que a sua disposição sugere são aceitas favoravelmente e desenvolvidas pelas próprias crianças.

Na creche, enfim, merece uma observação particular *a relação entre os espaços*, metáfora de abertura e fechamento da turma com relação às outras áreas da creche, seja em relação a quem vive dentro ou fora dela.

### *1.3. Participantes*

Outro marcador que sofreu modificações significativas refere-se aos participantes: subdivididos em grupos e subgrupos de diferentes dimensões, neles a *simbologia* utilizada para identificar o modo como interagem assumiu maior importância. As crianças que participam dos dias observados são quase sempre subdivididas em agrupamentos menores, o que, com relação à finalidade inicial, desloca a atenção da turma para um dos *subgrupos* que a compõem. Em alguns casos, aparecem no andamento do dia pessoas que interagem com as crianças apenas por brevíssimos momentos ou que não têm nenhum contato direto com elas (por exemplo, uma assistente ou uma ex-educadora que visita as colegas); o critério de acordo com o qual decidimos inserir alguns desses personagens que aparecem rapidamente e que, na metáfora teatral, seriam definidos como *coadjuvantes*, é o seguinte: cada um deles, apenas com sua presença, introduz uma modificação qualquer na organização do grupo observado. Evidenciamos, além disso, as modificações da *razão numérica adulto/criança* no decorrer dos dias para relacioná-las eventualmente a outros tipos de alterações que podem depender delas (por exemplo, a gestão).

Como já dissemos no início, a aplicação desse instrumento de análise do dia-a-dia na creche implicava também um ajuste em relação a essa realidade. Depois de ter apresentado de maneira sumária o trabalho de análise dos critérios do instrumento, podemos agora afirmar que, na prática, o instrumento se confirma como um *bom analisador* do dia-a-dia também na creche: das distribuições verificadas através dele emergem as peculiaridades do desenho de cada turma, em termos de continuidade/descontinuidade que para nós constituem um indicador importante da qualidade de uma turma.

## 2. Análise de uma turma: os "grandes"

O dia da turma dos grandes (cf. tabelas 1 e 2) se desenvolve num lapso de tempo de 8 horas e 14 minutos. Com base na distribuição do tempo verificada segundo o instrumento apresentado, ele é composto de 26 episódios (NE), compostos, por sua vez, de 35 subepisódios, distribuídos da seguinte maneira: 15 de manhã e 10 à tarde. Seis deles (os episódios 1, 2, 3, 13, 17 e 26, assinalados com as letras A e B) são duplos; o episódio 20 é quádruplo (A...D). A duração média dos episódios da manhã é de 17 minutos, a da tarde é de 11,7 minutos. Encontramos em ambos os períodos episódios de duração significativa nas extremidades que correspondem ao início e ao final do dia. Os quatro (três de manhã na recepção e um à tarde na despedida) se encaixam nos seis episódios acima citados que *se duplicam* de acordo com esquemas diferentes: recepção/atividade específica ou então recepção/poliatividade e despedida/poliatividade. Situado no meio do dia, o almoço (18 minutos) separa o período da manhã e o da tarde. Entre a recepção e o almoço, a manhã gira em torno de dois episódios principais de atividade específica (manipulação de 55 minutos e brincadeira simbólica de 34 minutos), mas também a refeição (22 minutos) e uma transição (19 minutos) determinam as suas características. Elas são intercaladas por quatro momentos de transição, um breve episódio de atividade específica e duas trocas de roupa, uma das quais alternada com uma segunda atividade específica breve. Além do descanso e da já mencionada despedida, o episódio 20 é o mais longo da *tarde* (27 minutos) e contribui para delinear uma fisionomia peculiar dela. A segunda parte do dia começa com uma transição que leva à troca de roupa/poliatividade; depois um outro momento transitório termina no descanso (episódio 19). Depois do episódio 20, duas transições marcam o início e o final de duas atividades rotineiras (lanche e higiene pessoal) e um momento de atividade específica (construções), que desemboca no último episódio. A participação em turnos das crianças na atividade se verifica exclusivamente na troca de roupa, tanto de manhã quanto à tarde.

### *2.1. Atividades*

A trama do desenvolvimento desse dia é *diversificada* em relação a propostas (não apenas em termos de atividades), mas *estável* (com base nas concentrações que caracterizam cada marcador considerado). O desenho dessa turma parece, portanto, ao mesmo tempo, variado e contínuo.

Nela encontramos algumas situações que, com base nos estudos realizados até aqui, poderíamos definir como *típicas* da creche: são os momentos rotineiros (às vezes associados a outras tipologias de atividades, mas que são subordinadas a eles) que se colocam sempre no mesmo ponto da seqüência, ou então que desempenham a mesma função nas diversas turmas (por exemplo, a refeição que marca sempre o início da atividade da turma depois da recepção ou da recepção/poliatividade).

Se consideramos que durante todo o dia 66,1% das atividades são de tipo rotineiro, fica claro que são exatamente as rotinas que constituem o esqueleto do dia. Elas se caracterizam, do ponto de vista da aprendizagem, por uma participação individual ou grupal por parte das crianças, dirigida ou intermediária, e ocorrem freqüentemente quando os subgrupos estão reunidos no grupo de pertinência ou quando todas as crianças estão presentes; a sua distribuição no tempo e no espaço de modo flutuante e regulado por turnos veicula contemporaneamente regras e conteúdos do *estar* naquelas determinadas situações. Apesar de a distribuição em termos de quantidade de tempo nessa turma ser equilibrada em dois momentos principais que compõem o dia, o predomínio numérico de episódios rotineiros à tarde, se comparados com os da manhã, sugere de algum modo que o período da manhã é sempre privilegiado com relação ao desenvolvimento de atividades específicas de acordo com um modelo educacional típico.

## *2.2. Espaço e participantes*

A sala de referência é sempre o lugar privilegiado no qual transcorrem os dias (36,7%); os participantes são, na maior parte do tempo, as crianças da turma analisada. As crianças preferem, portanto, uma variedade de possíveis relações com os coetâneos num espaço quase sempre *amigo*. No caso dessa turma, o espaço comum também ocupa um lugar importante, sobretudo o salão (29,1%), em que se multiplicam as oportunidades de encontro também com os colegas de outras turmas.

### *2.3. Modalidade social de desenvolvimento*

As possibilidades de vivência que os adultos oferecem às crianças revelam qual é a idéia básica sobre as potencialidades das crianças em termos educativos que guia as suas escolhas e o quanto é importante nesse tipo de decisão a urgência de certas práticas e normas indispensáveis; através da observação das modalidades sociais em que as crianças podem testar a si próprias em relação aos coetâneos e aos adultos, observamos portanto que as oportunidades potenciais são, nessa turma dos grandes, *em sua maioria em grupo.*

### *2.4. Modalidades de gestão*

É interessante notar como o papel do adulto na condução das atividades é forte exatamente onde se esperaria maior autonomia por parte das crianças (turma dos grandes); isso porque é conceitualmente incorreto associar esses dois fatores, visto que aceitamos a hipótese de que o educador tem a tarefa de contextualizar as situações do ponto de vista espaço-temporal; a *gestão intermediária* neste caso é ótima: por um lado, o adulto que organiza e retorna ao pequeno o evento, e por outro a criança que encontra motivação para manter diretamente o próprio envolvimento.

Podemos concluir que o modelo que emerge da análise realizada na turma dos "grandes" tende a promover um processo de aprendizagem amplo, que se articula em cada situação de maneira diversa e reconhece sempre cada situação como potencialmente formadora para todos os sujeitos envolvidos.

## 3. Algumas considerações finais

O que o presente estudo evidenciou de modo particular sobre a realidade da creche é que, apesar da sua efetiva fragmentação temporal, se comparada aos tempos de outras instituições, nela agem e são reconhecíveis tramas características de cada turma e, em certos aspectos, típicas da creche. Sua visibilidade passa através do papel que o adulto assume: ele, como diretor do dia, propõe as atividades e prepara uma variedade de situações sociais, organiza espaços e materiais, isto é, desenvolve uma função de mediação entre a criança e o ambiente legitimamente educativa, embora não consciente e intencional. Repensar a organização do dia-a-dia, nos termos oferecidos pela grade de análise, pode, portanto, constituir uma oportunidade para adquirir maior consciência das escolhas educativas feitas e da pedagogia que as informa.

## Textos citados

BRONFENBRENNER, U. *Ecologia dello sviluppo umano*. Bolonha, Il Mulino, 1986 (ed. orig. 1979). [Edição brasileira: *A Ecologia do desenvolvimento humano: experimentos naturais e planejados*. Porto Alegre, Artmed, 1996.]

GEERTZ, C. *Interpretazione di culture*. Bolonha, Il Mulino, 1987 (ed. orig. 1966). [Edição brasileira: *A interpretação das culturas*. Rio de Janeiro, LTC, 1989.]

## Capítulo 3

# TEMPOS INSTITUCIONAIS, TEMPOS DE CRESCIMENTO: a gestão do cotidiano dos pequenos, dos médios e dos grandes na creche

*Gabriella Nigito*

O presente trabalho configura-se como um estudo sobre o tempo na creche. O objeto de estudo, o tempo, apresenta uma dupla articulação: em primeiro lugar o tempo institucional, a organização do dia-a-dia, o seu ritmo, a distribuição dos episódios e o seu fluir de um episódio para outro; em segundo lugar, o tempo subjetivo, a vivência temporal da criança pequena, que, desde muito pequena é introduzida num contexto social amplo e complexo fora da família, constitui e elabora, também através dessa experiência, um sentido próprio do tempo, que se socializa e é compartilhado progressivamente.

O "Tempo" como objeto de análise apresenta-se desde os primórdios nas ciências sociais em sua configuração bipolar, se considerarmos que se trata de uma categoria cognoscitiva socialmente construída; categoria que envolve, portanto, por um lado, a subjetividade individual, e, por outro, o conjunto dos significados culturais e sociais. Alguns sociólogos observam que a ordem temporal normativa das instituições públicas e a ordem simbólica das subjetividades individuais são sistemas não comunicantes (cf. Belloni, 1986 e 1989; Gasparini, 1989). A organização temporal na creche, todavia, não depende somente de exigências institucionais que, como tais, podem, em maior ou menor medida, contrapor-se às exigências individuais, mas constitui, talvez, um dispositivo de socialização e aprendizagem. A aquisição de um sentido de tempo compartilhado por parte da criança pequena e a própria possibilidade de conceituar o tempo são fortemente influenciadas pelo modo como ele é gerido, mais ou menos conscientemente, pelos adultos que têm responsabilidades educativas.

Daí a idéia de estudar como a organização institucional do tempo na creche influencia a vivência temporal infantil. Daí, também, a dificuldade de compreender essa vivência através da observação de componentes não-verbais, próprios das crianças pequenas.

É necessário interrogar-se sobre como crianças vivenciam os aspectos dinâmicos do contexto educativo e que são determinados pela sucessão dos episódios, pela sua recorrência no decorrer do dia, pelo ritmo geral, pelas modulações das várias dimensões; aspectos dinâmicos do contexto educativo que, em um jogo de oscilações entre continuidade e descontinuidade, se traduzem em uma vivência que se articula entre o pólo do familiar, do habitual e do previsível, e o pólo do inédito, do inesperado e do estimulante.

No caso das crianças muito pequenas, parece que as duas ordens temporais se integram e se constroem na mesma medida, enquanto agem as dinâmicas formadoras e pedagógicas, destinadas a fazer do indivíduo um sujeito social, quando a identidade da criança é ainda pouco definida e muito maleável. O problema em questão sobre as dinâmicas sociais logo se transforma, no contexto da creche, na pergunta sobre os processos de socialização que nele foram colocados em prática. É possível examinar o discurso sobre as dinâmicas efetivas que caracterizam o processo de socialização das crianças na creche; discurso que não envolve a obrigatoriedade dos contextos educativos, os programas educativos planejados e realizados, mas a simples experiência efetivamente vivenciada pelos pequenos (cf. Bondioli, 1996).

O tema da emergência do conceito de tempo na criança que freqüenta a creche coloca-nos, portanto, diante da necessidade de observar qual é a real articulação do dia-a-dia na creche, dos seus ritmos, das suas recorrências, da sua flexibilidade em relação às exigências e às solicitações de seus pequenos usuários e qual é a influência educativa na experiência de vida em "sociedade" dos pequenos, que estão organizando a própria identidade. O problema nos induz também a pesquisar, comparando dias, os elementos que, lentamente, durante três anos, condicionam a vivência temporal da criança; os ritmos e a periodicidade de comportamentos próprios das condutas infantis se prendem, de fato, desde o nascimento, por predisposição inata, às regras do ambiente e agem em resposta aos episódios aos quais a criança está exposta.

Para a avaliação dos tempos institucionais decidiu-se efetuar a análise de um caso e coletar os dados realizando uma observação livre de preconceitos, com o método "lápis e papel", de um dia passado na creche, para cada uma das três classes de idade (para a metodologia adotada ver o texto de Bondioli, na primeira parte deste livro). As observações, reunidas em três fichas, foram analisadas mediante a grade de análise proposta por um grupo de pesquisadores coordenados por E. Becchi e A. Bondioli (cf. Insegnamenti pedagogici del Dipartimento di Filosofia dell'Università di Pavia, 1993; Bondioli, Ferrari, Gariboldi, 1995; Bondioli, 2000). Essa grade é um instrumento adequado para um estudo quantitativo dos dados, mas principalmente para a sua avaliação e interpretação qualitativa, capaz de compreender, de acordo com as prerrogativas do próprio instrumento, o "sentido" do que acontece nos contextos educativos.

O cotejo entre alguns elementos significativos evidenciados através do instrumento de análise do dia permitiu, pois, realizar uma análise comparativa dos aspectos que estruturam a experiência infantil e cuja influência educativa é um fator que freqüentemente escapa à consciência e à reflexão pedagógicas dos educadores.

## 1. Os pressupostos metodológicos: a derivação do marcador da modalidade de gestão

A observação prevista para o levantamento dos dados foi feita em três dias diferentes e próximos, uma para cada turma de uma creche municipal de uma cidade de médio porte, capital de província da região da Lombardia,* para poder, num segundo momento, realizar a compa-

---

* A Itália é administrativamente dividida em 20 regiões e cada região é subdividida em províncias. A região da Lombardia localiza-se no norte do país (N. T.).

ração entre os padrões característicos de cada dia, compreendendo e analisando suas analogias e diferenças.

O dia-a-dia dos lactentes e das crianças em processo de desmame foi subdividido em trinta e cinco episódios,[1] enquanto o dia-a-dia dos grandes foi subdividido em trinta e seis. O levantamento dos dados, feito com esse instrumento, e a análise dos tempos institucionais logo evidenciaram a necessidade de adaptar o próprio instrumento à realidade específica em estudo, derivando melhor o marcador da modalidade de gestão.[2] A modalidade de gestão, da maneira como foi pensada, relaciona-se com a organização geral da cena; ela indica, por um lado, o grau de intervenção do adulto na situação e, por outro, o grau de liberdade de decisão e de organização concedida às crianças. As categorias em que esse marcador estava subdividido (autônoma, intermediária e dirigida) revelaram-se, porém, pouco sensíveis ao contexto examinado e incapazes de contemplar as peculiaridades dos diferentes momentos que o compõem. Na turma dos lactentes, por exemplo, a modalidade de gestão dirigida era própria de apenas dois episódios num total de seis minutos e a modalidade de gestão autônoma de quatro episódios num total de trinta e cinco minutos. No total, a modalidade de gestão intermediária ocupava 92% do dia.

| | **Manhã** | | | **Tarde** | | | **Total** | | |
|---|---|---|---|---|---|---|---|---|---|
| Modalidade de gestão | Minutos | % | n. episódios | Minutos | % | n. episódios | Minutos | % | n. episódios |
| D | 3 | 1 | 1 | 3 | 1,4 | 1 | 6 | 1,2 | 2 |
| I | 273 | 6,8 | 20 | 189 | 90,5 | 8 | 462 | 92 | 28 |
| A | 17 | 5,8 | 3 | 17 | 8,1 | 1 | 34 | 6,8 | 4 |

1. Evento, ou episódio, é uma situação definida do dia-a-dia educativo que tem uma certa duração e traços característicos que o tornam facilmente identificável no fluir da ação. Os elementos escolhidos para qualificar as situações educativas são cinco: o espaço, o tipo de atividade desenvolvida, os participantes da cena, a modalidade social de desenvolvimento das atividades e a modalidade de gestão das situações. Cada marcador pode ser derivado de acordo com diferentes dimensões; o espaço, por exemplo, pode ser a sala da turma, o banheiro, o corredor, o salão, a cozinha. O episódio é definido por cinco dimensões, uma específica para cada marcador; quando muda uma dimensão, ainda que só uma, registra-se uma mudança de episódio. O novo episódio é caracterizado por uma nova configuração dos marcadores, por um padrão diferente. O dia todo pode ser subdividido em episódios que são, então, as unidades de análise do instrumento (cf. Insegnamenti pedagogici del Dipartimento di Filosofia dell'Università di Pavia, 1993).

2. Ibid., p. 72.

Esse dado não podia ajudar a compreender as diferenças específicas, que, no entanto, existiam, entre as modalidades com que o adulto gerenciava as diferentes situações sociais e estimulava a atenção e a participação plena de cada criança e do grupo nos diferentes "jogos sociais". Daí a necessidade de derivar melhor justamente a categoria intermediária, examinando e definindo pontualmente as modalidades de interação entre os educadores e o grupo das crianças.

A classificação das dimensões para articular a modalidade intermediária partiu de uma literatura de referência baseada na psicologia construtivista. A interação adulto-criança foi estudada em profundidade pelos psicólogos em relação à primeira forma de troca social que o indivíduo vivencia: a interação diádica com a mãe (Schaffer, 1977). Schaffer em *Il bambino e i suoi partner* [A criança e os seus parceiros] (1984) faz uma resenha das numerosas pesquisas voltadas para a compreensão de como se estrutura e se articula progressivamente o diálogo pré-verbal entre mãe e criança, distinguindo, entre os elementos que o compõem, os que podem ser atribuídos a um comportamento social predisposto no recém-nascido e os que são próprios de condutas maternas instintivas. Schaffer aborda, por fim, o problema da tradução de termos e conceitos explicativos das interações diádicas para a definição das interações que atuam nas situações poliádicas, de grupo. Esse autor observa que "onde o adulto deve dividir a própria atenção entre muitas crianças, ele simplesmente não está disponível para cada criança em grande parte do tempo da interação" (ibid., p. 281). O adulto pode decidir, então, adotar uma estratégia interacional focalizada no grupo ou procurar manter, principalmente em situações de grupos pequenos, interações diádicas com cada criança, ou ainda, delegar, quando possível, a função de interlocutor às outras crianças presentes no grupo, facilitando as trocas sociais entre pares.

A partir das considerações de Schaffer foi possível dar início a uma reflexão, tendo como base as fichas de observação de três dias, que permitiu identificar alguns elementos que, em matéria de análise, mostraram-se úteis "guias para o olhar", capazes de indicar "estratégias" adultas, habituais e recorrentes, na gestão das situações. Estratégias que foram, portanto, provisoriamente categorizadas de acordo com um *continuum* que vai de uma menor manifestação de intervenção do educador na atividade das crianças a um completo arbítrio feito de decisões e organizações da atividade infantil. Chegou-se, portanto, à identificação de novas dimensões para o marcador da modalidade de gestão do instrumento de análise do dia, que juntamente com as dimensões originais, autônoma e dirigida, foram definidas da seguinte maneira:

- *Modalidade autônoma: a observação participante e a ênfase seletiva.* [**A**] O educador controla o desenvolvimento das atividades, nas quais está presente na situação como participante lateral e guardião dessas situações. O educador entra como um participante da ação apenas com intervenções que oferecem pontuações à trama dos acontecimentos. Essas intervenções, todavia esporádicas, podem ser advertências explícitas em relação à transgressão das regras situacionais ou reforços positivos, que premiam os sucessos das crianças, ou ainda simples observações que acrescentam uma definição verbal ao que já se delineou concretamente para os participantes do encontro.
- *Modalidade autônoma-intermediária: a inserção na atividade infantil.* [$\mathbf{I}_A$] O educador deixa as crianças escolherem o tema de seu interesse e começarem a se envolver na atividade. O educador, então, insere-se na atividade das crianças, repropondo-a do ponto de vista da aprendizagem social. Uma tarefa individual, que exija da criança a prática de certas habilidades, pode, assim, transformar-se numa troca dirigida em que a dificuldade da tarefa é complicada pela simultânea interação social com o adulto. Essa modalidade de intervenção pode referir-se ao envolvimento quase contínuo na atividade das crianças por parte do adulto, que interage, num envolvimento direto, com um só ou com poucos interlocutores de cada vez, mas que mantém constantemente a atenção voltada para o controle distribuído por todo o grupo. Indicamos essa modalidade intermediária com a sigla $\mathbf{I}_A$ para enfatizar a maior afinidade que apresenta com a modalidade de gestão autônoma do que com a modalidade de gestão dirigida.
- *Modalidade intermediária de tutoria: a iniciativa do adulto e a reproposta da atividade.* [$I_T$] O educador intervém na atividade infantil organizando materiais, propondo uma determinada brincadeira ou

uma modalidade diferente de utilização dos objetos que as crianças já estão usando, começando a usar, ele mesmo, determinados materiais chamando, assim, a atenção dos pequenos para si. O educador intervém na atividade das crianças pessoalmente, entra nas suas brincadeiras, participando delas diretamente como parceiro competente. Essa modalidade de intervenção pode referir-se ao envolvimento quase contínuo na atividade infantil por parte do educador, que estimula e/ou mantém a atenção do grupo das crianças, ou de uma parte delas, na atividade proposta por ele mesmo ou reproposta de maneira mais ou menos explícita. O educador participa, nesse caso, pessoalmente da atividade das crianças como parceiro de igual para igual ou como líder espontaneamente reconhecido pelo grupo. Indicamos essa modalidade intermediária com a sigla $\mathbf{I_T}$ para enfatizar o papel de *tutor* que o educador assume no episódio educativo.

- *Modalidade intermediária-dirigida: a gestão diferenciada em dirigida e impessoal.* [$\mathbf{I_D}$] Essa categoria encontra a própria razão de ser no fato de que freqüentemente, principalmente nos episódios caracterizados por rotinas que exigem um cuidado completo das crianças, a gestão da situação por parte dos educadores é estritamente dirigida para uma ou para poucas crianças de cada vez, enquanto o resto da classe gerencia-se, aparentemente, de maneira autônoma. O educador mergulha numa tarefa dirigida que prende a sua atenção e a da criança de maneira quase exclusiva, uma criança por vez, enquanto o resto do grupo gerencia a espera de acordo com modalidades rituais e instruções implícitas que, só ocasionalmente, diante de comportamentos incorretos ou perigosos das crianças, precisam ser explicitadas. Indicamos essa modalidade com a sigla $\mathbf{I_D}$ para enfatizar a sua maior afinidade com a modalidade de gestão dirigida do que com a modalidade de gestão autônoma.
- *Modalidade dirigida: a iniciativa heterônoma.* **[D]** O educador interrompe a tarefa em que as crianças estão envolvidas no momento para propor-lhes uma nova atividade, que não tem nenhuma continuidade com a anterior. O interesse das crianças é atraído pelo educador para um foco único de atenção, freqüentemente é constituído pelas verbalizações e pelas ações do próprio educador.

A tipologia que acabamos de definir certamente não esgota as possíveis estratégias de gestão das situações, principalmente porque coloca a ênfase sobre um aspecto específico dos muitos que determinam o estilo de condução dos encontros por parte dos educadores: este é um olhar que pretende chamar a atenção do observador para as condutas explícitas do educador em relação à conduta da criança ou das crianças.

## 2. Percursos de leitura para uma análise dos tempos institucionais

A análise da organização dos três dias observados[3] permite realizar um estudo sobre a configuração e as dinâmicas educativas que agem concretamente em cada uma delas e permite evidenciar alguns fatores de similaridade e de diferença, que serão confrontados no item conclusivo para tentar uma interpretação das escolhas implícitas na organização dos tempos institucionais.

A análise proposta a seguir vale-se, em primeiro lugar, de uma perspectiva de leitura vertical da tabela de distribuição dos episódios, destinada a compreender ritmo, continuidade e descontinuidade do dia. Os três elementos que serviram como indicadores para essa análise foram: o índice de descontinuidade[4] de cada episódio, que nas grades apresen-

---

3. Em 2000 foram observados três dias diferentes e próximos, um para cada turma, de uma creche municipal de uma cidade de médio porte, capital de província da Lombardia. A creche tem um horário de abertura que vai das 7h30 às 17h30, sendo que o horário de entrada se estende até às 9h30 e o horário de saída começa às 15h45. Os educadores têm turnos diferentes, que prevêem, para todas as turmas, a sua presença conjunta das 10h30 às 13h30, e a presença de pelo menos um educador por turma das 7h30 às 16h30. Na turma dos lactentes trabalham duas educadoras: G., das 7h30 às 13h30, e H., das 10h30 às 16h30; na turma dos médios, três educadores: D., das 7h30 às 13h30, E., das 9h30 às 15h30, e F., das 10h30 às 16h30; na turma dos grandes, três educadores: A., das 7h30 às 13h30, B., das 8h30 às 14h30, e C. das 10h30 às 16h30. A educadora M. entra às 15h00 e é a única educadora presente das 16h30 às 17h30, para as poucas crianças de todas as idades que permanecem na creche até o horário de fechamento. No momento em que foi realizada esta observação, a turma dos lactentes era composta por um total de seis crianças que tinham idades variando de 8 a 13 meses, a turma dos médios era composta por dezoito crianças que tinham entre 15 e 26 meses e a turma dos grandes era composta por vinte e quatro crianças com idade entre 27 e 37 meses.

4. O índice de descontinuidade ou de variação de um episódio assinala o número de dimensões que diferenciam esse episódio do episódio anterior. O índice de descontinuidade é calculado somando-se o número de dimensões variadas na passagem de um episódio para o episódio sucessivo, que, como tal, ocorre se variar pelo menos um dos marcadores e pode assu-

tadas a seguir é indicado na última coluna sob a denominação VAR; a efetiva duração do próprio episódio, que nas grades aparece na terceira coluna; e as concentrações[5] identificáveis nas grades como invariâncias de uma dimensão ao longo de um número de episódios igual ou superior a três.

A análise de cada dia prossegue, num segundo momento, através de uma leitura horizontal da grade de distribuição dos episódios que, comparando os padrões dos mesmos episódios, busca configurações recorrentes e significativas. Ao comparar episódios distantes no tempo, que apresentam uma identidade de marcadores, absoluta ou parcial, e, ainda assim, percentualmente significativa, é importante perguntar-se qual é a intencionalidade educativa que contém essa organização e interrogar-se sobre as influências educativas que a repetição de determinados elementos do contexto não pode deixar de veicular. Os elementos que serviram como indicadores são as mesmas configurações recorrentes[6] dos marcadores, características de cada dia, e as tabelas[7] de análise dos dados relativos às diferentes dimensões de cada marcador apresentadas na conclusão da análise de cada dia.

---

mir um valor entre 1 e 5, dado que os marcadores de um episódio são 5 no total. Nos casos em que, na passagem de um episódio para o sucessivo, a modalidade de gestão se mantiver intermediária, mas for derivada de maneira diferente em $I_A$, $I_T$ ou $I_D$, calcula-se um índice de descontinuidade igual a apenas meio ponto. Um exemplo disso é o sétimo episódio do dia dos lactentes, que tem um índice de descontinuidade igual a 1 °, relativo às mudanças de atividades e de modalidade de gestão desta (cf. Insegnamenti pedagogici del Dipartimento di Filosofia dell'Università di Pavia, 1993, p. 10).

5. Um exemplo de concentração, ou seja, de continuidade vertical de uma dimensão dentro de um marcador para um número de episódios igual ou superior a três, pode ser encontrado na grade de distribuição dos episódios do dia dos lactentes apresentada na página seguinte. Na quarta coluna, com a abreviatura ATIV., que indica o tipo de atividade desenvolvida nos vários episódios, apresenta-se uma concentração de poliatividades do terceiro ao sexto episódio.

6. Um exemplo disso é o fato de que a dimensão da poliatividade está sempre acompanhada, na turma dos grandes, pela dimensão das agregações livres; por isso, brincadeira livre e liberdade para agregar-se e para decidir com quem brincar são sempre prerrogativas da escolha infantil.

7. Nas tabelas A1, A2, A3, e A4, relativas ao dia dos lactentes, B1, B2, B3 e B4, relativas ao dia das crianças do meio, C1, C2, C3 e C4, relativas ao dia dos grandes, é apresentada para cada marcador a quantidade de tempo que as crianças passam nos vários espaços, desenvolvendo as diferentes atividades, organizadas em agrupamentos e dependentes da modalidade de gestão das diferentes situações. Os dados relativos ao dia são, além disso, subdivididos entre os episódios que antecedem e que se seguem à *Rotina* do descanso, anexados do cálculo percentual correspondente.

# 3. O dia-a-dia dos lactentes

*Grade de distribuição dos episódios*

| N. E. | Hora | Dur. | Ativ. | Espaço | Participantes | Agr. | Mod | Var. |
|---|---|---|---|---|---|---|---|---|
| 1 | 7h35 | 12 | $P_R$ | L | E + C +P + $2^{A*}$ + 2E'* + O* | L | $I_A$ | - |
| 2 | 7h47 | 3 | T | C | E + C + 2E' + O* | C | D | 4 |
| 3 | 7h50 | 10 | $P_R$ | G | T* + E* + 2E'+ P* | L | $I_A$ | 5 |
| 4 | 8h00 | 6 | $P_R$ | G | A* + 2E' + T* + P* | L | $I_A$ | 1 |
| 5 | 8h06 | 13 | $P_R$ | G | E + T* + P* + 2E'* + A* | L | $I_{T+A}$ | 1 ° |
| 6 | 8h19 | 19 | $P_R$ | L | E + C* + P* + A* + 2E'* | L | $I_A$ | 2 ° |
| 7 | 8h38 | 6 | O + ($R_T$) | L | C + E | L | $I_D$ | 1 ° |
| 8 | 8h44 | 25 | P | L | C + E + A* | L | $I_{T+A}$ | 1 ° |
| 9 | 9h09 | 3 | P | L | A* + C | L | A | 2 |
| 10 | 9h12 | 10 | T | L | C + E* | C | $I_D$ | 4 |
| 11 | 9h22 | 9 | $R_L$ | L | E + C + A* | C | $I_D$ | 1 |
| 12 | 9h31 | 21 | T | L | E + C* + P* + $2^{A*}$ | L | $I_{A+D}$ | 3 ° |
| 13ª | 9h52 | 12 | P + ($R_T$) | L | E + C/2 | PG | $I_{T+D}$ | 2 ° |
| 14a | 10h04 | 14 | $D_{B.HEU}$ | L | E + C/2 | PG | $I_T$ | 1 ° |
| 13b | 9h52 | 26 | $R_D$ | L | 2C | L | $I_?$ | 2 ° |
| 15 | 10h18 | 15 | P | L | E'* + E + C | L | $I_A$ | 3 ° |
| 16 | 10h33 | 5 | P | L | 2E + C + E'* | L | A | 2 |
| 17 | 10h38 | 13 | P | L | E + C + E'* | L | $I_A$ | 2 |
| 18 | 10h51 | 14 | P + ($R_T$) | L | 2E + C | L | $I_D$ | 1 ° |
| 19 | 11h05 | 9 | P | L | E + C | L | A | 2 |
| 20 | 11h14 | 4 | P | L | 2E + C | L | $I_A$ | 2 |
| 21 | 11h18 | 10 | T | L | E + C + E* + $2^{A*}$ | C | $I_D$ | 3 ° |
| 22 | 11h28 | 31 | $R_A$ | L | E* + E + C + E'* + $2^{A*}$ +P* | C | $I_D$ | 1 |
| 23 | 11h59 | 16 | $R_A$ | L | 2E* + C + E'* | I | $I_A$ | 2 ° |
| 24 | 12h15 | 13 | $R_T$ | L | E + E* + C + E'* | C | $I_D$ | 2 ° |
| 25 | 12h28 | 17 | P | L | 2E* + C + 2C* + O* | L | A | 4 |
| 26 | 12h45 | 13 | T | L | 2E* + C* + A* +E'* | L | $I_D$ | 2 |
| 27 | 12h58 | 52 | $R_D$ | L | C | L | $I_?$ | 1 ° |
| 28ª | 13h50 | 41 | $R_D$ | L | C/2 | L | $I_?$ | 1 |
| 28b | 13h50 | 7 | T | C, G, B | E* + 2C + $3^{A*}$ + E'* | PG | $I_A$ | 4 ° |
| 29b | 13h57 | 34 | T | E | E + 2C + 2E' + $3^{A*}$ | PG | $I_A$ | 2 |
| 30 | 14h31 | 9 | $R_T$ | L | E* + C + $3^{A*}$ + E'* | C | $I_D$ | 2 ° |
| 31 | 14h40 | 21 | P | L | E + C + E'* +O* | L | $I_A$ | 3 ° |
| 32 | 15h01 | 17 | $R_{L+T}$ | L | E + C + A* | C | $I_D$ | 2 ° |
| 33 | 15h18 | 3 | T | C | E + C + E'* | C | D | 3 |
| 34 | 15h21 | 19 | $R_L$ | M | E + C + 3E'* + A* + O* | PG | $I_A$ | 5 |
| 35 | 15h40 | 17 | $P_R$ | M | E+C*+P* + O* + $2^{A*}$ + 2E'* | L | $I_{T+A}$ | 3 ° |
|  | 15h57 |  |  |  |  |  |  |  |

**Legenda**

MODALIDADE DE GESTÃO

D É a modalidade relativa à manifestação da intervenção do educador na atividade das crianças.

A É a modalidade relativa à abstenção de qualquer ingerência do adulto na atividade das crianças.

$I_A$ É a modalidade relativa ao envolvimento quase contínuo do adulto, que interage de modo dirigido e espontâneo com um só ou com poucos interlocutores, mas que mantém a atenção voltada para o controle, distribuído por todo o grupo.

$I_T$ É a modalidade relativa ao envolvimento do adulto que estimula e/ou mantém a atenção do grupo, ou de uma parte dele, sobre a atividade proposta, participando dela pessoalmente. O adulto é como uma criança entre as crianças, líder espontaneamente reconhecido.

$I_D$ É a modalidade relativa à gestão dirigida por parte do adulto de uma só ou de poucas crianças do grupo, em que as outras crianças gerenciam-se, mais ou menos autonomamente, de acordo com modalidades rituais e instruções implícitas.

$I_?$ É a modalidade relativa ao momento do descanso, na impossibilidade de melhor defini-la ou mais claramente caracterizá-la de outra maneira.

**ESPAÇOS**
L = Sala dos lactentes
C = Corredor
G = Sala dos grandes
M = Sala das crianças do meio
E = Escritório

**PARTICIPANTES**
P = pais
E = educadores de turma
E' = educadores de outras turmas
T = crianças de toda a creche
C = crianças da turma dos lactentes
C/2 = todas as crianças da turma dos lactentes menos duas
A = atendentes
2C = duas crianças da turma dos lactentes
O = crianças de outras turmas
* = o asterisco assinala a curta permanência desses participantes no episódio

**ATIVIDADES**
$P_R$ = poliatividade* + recepção ou despedida
P = poliatividade
T = transição
$R_L$ = rotina do lanche
$R_T$ = rotina da troca
$R_A$ = rotina do almoço
$R_D$ = rotina do descanso
D = atividade didática
$D_{B.HEU}$ = brincadeira heurística
O = atividade organizacional

**MODALIDADE DE AGREGAÇÃO**
L = agregações livres
D = em dupla
I = individual
PG = em grupo pequeno

## *3.1. Ritmo e descontinuidade: a leitura na vertical*

Os nove primeiros episódios são caracterizados pela informalidade da situação de recepção dos pais e dos pequenos usuários da creche por parte das educadoras; episódios que se desenvolvem na sala dos grandes, até o momento em que o número dos participantes permitir, e depois na sala dos pequenos. As crianças são recebidas e depois encorajadas a entregar-se a uma atividade de brincadeira livre, em que a educadora entra de vez em quando. A educadora usa, quase exclusivamente, uma modalidade de gestão dos episódios intermediária: interage freqüentemente com uma ou com poucas crianças de cada vez, deixando que as outras se gerenciem de maneira autônoma enquanto forem capazes. Faz-se essa escolha se consideramos que, em alguns momentos, as crianças

* Poliatividade, como já foi dito em nota presente no início do capítulo 2, é uma tradução de *poliattività*, termo que em italiano significa "várias atividades realizadas de maneira concomitante".

necessitam de um cuidado e de um atendimento que absorvem quase totalmente a atenção da educadora, como acontece no episódio 7, quando G. se ocupa em trocar uma menina e em limpar a regurgitação de outro menino. Além disso, as próprias crianças procuram freqüentemente uma interação intensa e contínua, senão exclusiva, com a educadora, que deve, então, literalmente dividir-se na tentativa de manter o controle do grupo e a troca pessoal com cada uma. A educadora G. modula continuamente a própria disponibilidade física e emocional; G. está quase incessantemente voltada para os pequenos, mesmo quando se afasta momentaneamente do tapete de brincadeiras para arrumar a sala. A educadora está envolvida num trabalho de vai-e-vem, que é muito intenso e cansativo, de um modo de interagir para outro e de uma criança para outra; as modalidades de gestão das situações alternam-se freneticamente entre uma $I_A$ e uma $I_T$. Nessa fase inicial do dia, as crianças são livres para se movimentar pela sala e para se agrupar espontaneamente, mas com exceção da preferência comum de ficar sobre o tapete, onde estão localizados os brinquedos, elas não parecem quase nunca compartilhar espontaneamente uma mesma atividade.

O episódio 11, o momento da rotina do lanche, é precedido e seguido por duas transições consistentes, com duração total de 31 minutos. A primeira dessas transições tem um índice de descontinuidade dos marcadores muito alto, fato que indica uma importante transformação no clima geral da situação: as crianças não estão mais livres para se envolver espontaneamente na atividade de brincadeira, mas são chamadas uma depois da outra para serem levadas pela educadora para fazer algumas necessidades fisiológicas. As duas transições consistentes permitem à educadora preparar adequadamente o grupo para as atividades sucessivas através de uma série de operações que a educadora realiza para e em cada criança, enquanto as crianças do resto do grupo prolongam de maneira autônoma a atividade de brincadeira ou esperam calmamente sentadas no cadeirão que lhes dêem comida na boca. Nessas operações de higiene das mãos, de auxílio durante o lanche e na transição na fase do sono, em que no episódio 13b estão envolvidas somente duas das crianças da turma, vêm à tona explicitamente e como modalidade de agregação oficial a interação intensa e contínua, o envolvimento direto com a educadora, que quase todas as crianças procuram sempre, cada uma do seu modo. A educadora deve gerir uma série de relacionamentos "a dois", de maneira dirigida. A modalidade de gestão das situações continua intermediária ($I_D$). A modalidade de agregação é predominantemente em dupla, enfatizando a necessidade da educadora de diminuir o número dos interlocutores para suportar uma tarefa tão intensa com cada uma delas.

No episódio 14a, que se desenvolve paralelamente ao momento do soninho das duas crianças menores da turma (episódio 13b), a educadora propõe e apóia com a própria proximidade física e a participação assídua, embora não impositiva, a única atividade didática do dia voltada somente para um grupo pequeno da turma. As trocas da educadora com as crianças tornam-se mais ricas e continuadas; G. gerencia a situação da brincadeira heurística com uma modalidade de gestão intermediária ($I_T$).

Das 10h18 às 11h18, ou seja, do décimo quinto ao vigésimo episódio, pelo menos três marcadores apresentam uma concentração: as crianças estão envolvidas, por uma hora, em uma situação de poliatividade de brincadeira e estão agrupadas livremente na turma. A segunda educadora, L., começa o seu turno de trabalho às 10h30 e, portanto, nesse período estão presentes simultaneamente as duas educadoras da turma. A sobreposição de turnos de trabalho não coincide, porém, com a presença simultânea e contínua das educadoras em sala. G. ausenta-se por duas vezes (episódios 17 e 19), num total de 22 minutos. A presença ou não da primeira educadora na sala, além de determinar a variação no marcador dos participantes, é a causa de uma contínua variação da modalidade de gestão dos episódios e da interação com as crianças. Se, na gestão pessoal, G. encontra-se, várias vezes, empenhada em promover a experimentação pessoal dos pequenos e em apoiá-los nas suas brincadeiras, propondo-se como parceira de igual para igual, L. parece mais preocupada em envolver as crianças em uma atividade autônoma de brincadeira, comenta as suas ações, ajuda-as nas tarefas por elas empreendidas e para elas muito difíceis, mas raramente promove as suas brincadeiras e, quando o faz, não participa delas com continuidade.

Seguem-se os episódios 22 e 23, do almoço, preparado pelo momento de transição e seguido pela rotina da higiene. A modalidade de gestão da situação continua intermediária e a modalidade de interação é quase sempre do tipo $I_D$, já que no momento do almoço, como no momento da rotina de higiene e de transição, as crianças dependem completamente dos cuidados e da ajuda das educadoras. A modalidade de agregação volta a ser predominantemente em dupla, dado o indispensável empenho dirigido das educadoras para ajudar os pequenos a comer, e ainda, para prepará-los para a refeição e para ocupar-se da higiene deles ao final desta. Essa modalidade de agregação exige que as crianças não envolvidas na troca em dupla, esperem a própria vez e que gerenciem de maneira autônoma essa espera. O episódio 23 é relativo a um momento em que as crianças são deixadas cada vez mais livres para passear pela sala, terminando o pedaço de pão que as educadoras lhes dão ao final da refeição.

Às 12h28 o episódio 25, caracterizado por poliatividade deixada à gestão autônoma das crianças, marca a separação entre as atividades da manhã e as da tarde, sem contar que a efetiva saída de uma e entrada na outra são facilmente vividas pelas crianças como mudanças bem ritmadas e naturais, através da transição que se segue ao episódio 26. Essa transição prepara, portanto, a atividade do descanso. A poliatividade do episódio 25, que precede a transição do episódio 26, de algum modo parece constituir um preâmbulo deste. Com o episódio 25 estabelece-se, de fato, uma descontinuidade muito forte em relação à seqüência de episódios anteriores, já que o índice de variação é igual a 4, mas, ao contrário, a continuidade com o episódio de transição é garantida por um índice igual a 2, de modo que fica fácil para as crianças a passagem da vigília para o sono, precisamente através do estabelecimento de um clima mais descontraído também na brincadeira.

Às 12h45 as educadoras presentes contemporaneamente, tiram, um de cada vez, os pequenos de suas brincadeiras, estabelecendo com cada um deles uma interação muito forte: as educadoras os acariciam nas costas, fazendo com que permaneçam deitados, e os balançam no carrinho até que peguem no sono. A rotina do soninho, que termina oficialmente às 14h31 quando todas as crianças são acordadas, para duas delas interrompe-se às 13h50, quando seus gritos chamam a educadora, que entra na sala e as leva ao escritório, para evitar que atrapalhem os outros. Os episódios 28b e 29b, relativos a essa situação, que é decididamente incomum em relação ao curso normal do dia, se desenvolvem paralelamente à rotina do sono.

A saída do soninho acontece com uma atividade de rotina de troca, na qual as crianças retornam, uma depois da outra, para a atividade de brincadeira livre, deixada antes do descanso. A modalidade de gestão do episódio 30 é intermediária ($I_D$). Essa escolha é, mais uma vez, ditada pela exigência de estabelecer um contato emocional com cada criança, visto que os pequenos não se mostram ainda capazes de enfrentar de maneira autônoma a saída do sono, e implica, necessariamente, um rodízio das educadoras para com os cuidados do grupo. A rotina da troca transcorre lentamente, à medida que as crianças são trocadas e colocadas no tapete, na poliatividade do episódio 31. Nos episódios sucessivos, a modalidade de gestão continua, ainda, intermediária e a interação bastante fraca ($I_A$), destinada mais a garantir a autonomia das crianças na situação do que promover a autonomia dos pequenos em atividades para eles envolventes. Segue-se a esse episódio a rotina do lanche e da troca das crianças, rotina que volta a desenvolver-se de acordo com uma modalidade de gestão da situação intermediária ($I_D$) e de agregação em dupla. Nesse ponto a educadora leva as crianças para a sala das crianças do meio, que estão envolvidas na própria atividade de lanche, e as deixa livres para brincar pela sala, enquanto os companheiros maiores terminam de comer. A transição muito curta que caracteriza o episódio 33 é constituída justamente pela transferência de um espaço para um outro, que acontece de modo dirigido e de acordo com uma modalidade de agregação em dupla, já que a educadora leva ou acompanha cada criança.

O episódio 34 tem um índice de descontinuidade igual a 5; a grande e repentina mudança a que são submetidas as crianças causa uma certa desorientação em algumas delas. O último episódio continua sendo, para os lactentes, um momento de brincadeira livre na sala das crianças do meio, agora os pequenos, perdidos no grupo dos do meio que terminaram o lanche, mostram-se mais prudentes e preferem ficar ao lado de sua educadora, que se limita a desenvolver uma atividade de tomar conta do grupinho, deixando os pequenos livres para tirar da sua presença, sempre disponível, uma segurança emocional contínua, através do contato físico ou mesmo apenas da proximidade.

## *3.2. Índices de continuidade: as concentrações*

Vamos procurar agora identificar, através da presença ou não de concentrações, o grau de descontinuidade de cada marcador. A **modali-**

**dade de gestão** não apresenta nenhuma concentração, de modo que esse marcador é o traço mais descontínuo entre os que caracterizam o dia, ou seja, é o fator que mais contribui para determinar a distribuição em episódios do próprio dia. No dia-a-dia dos lactentes, é comum que um mesmo tipo de atividade, desenvolvida de acordo com uma determinada modalidade de agregação das crianças em determinado espaço, seja gerida, de maneira diferente pelas educadoras dependendo do momento específico e das necessidades que vão sendo manifestadas pelos pequenos. É o que ocorre, por exemplo, na longa seqüência de episódios de poliatividade que vão do décimo quinto ao vigésimo.

O marcador dos **participantes** é muito descontínuo, visto que apresenta durante todo o dia apenas três curtas concentrações: do episódio 12 ao 14, do episódio 25 ao 27, do episódio 31 ao 33. Nesse dia, assim como será possível observar para o dia-a-dia das crianças do meio e das grandes, as pessoas presentes em cena variam continuamente por causa de deslocamentos funcionais por parte dos educadores para buscar material, por causa de curtas passagens de pais ou de funcionários auxiliares ou por causa da organização da sala para grupos pequenos e de deslocamentos das crianças nos vários espaços da creche.

O marcador da **atividade** apresenta quatro concentrações, uma relativa às rotinas do almoço, dos episódios 22, 23 e 24, com uma duração total de 60 minutos, e três relativas à poliatividade dos episódios 3 ao 6, do 15 ao 20 e do 30 ao 31.

Segue-se o marcador da **modalidade de agregação** com as três longas concentrações de agregações livres, dos episódios 3 ao 9, relativos ao período de entrada na creche, do 13b ao 20, próprios da segunda metade da manhã e do 25 ao 28a, relativos ao descanso. As primeiras concentrações são paralelas a duas das concentrações de poliatividade; a terceira é relativa ao momento seguinte à refeição e se prolonga até o despertar dos pequenos do soninho da tarde.

O marcador do **espaço**, enfim, apresenta três concentrações, das quais uma muito longa, que se estende do episódio 6 ao 32. Esse dado parece um traço peculiar do dia-a-dia dos lactentes, que, fora os dois breves períodos de permanência na turma dos colegas maiores no momento da chegada e da saída, passam, sem solução de continuidade, o dia no espaço protegido e bem conhecido, portanto, facilitador, da própria sala.

## 3.3. *Os padrões: a leitura horizontal*

A grade para distribuição dos episódios permite cruzar uma leitura horizontal com uma vertical para buscar eventuais recorrências próprias da configuração de episódios específicos. Na análise apresentada a seguir, faremos referência às porcentagens apresentadas nas tabelas A1, A2, A3 e A4 no final desse item 3.

As **atividades** de *transição* do dia são seis e apresentam um padrão de marcadores semelhantes dois a dois. Os episódios 2 e 33 têm não somente uma configuração idêntica, caracterizada por uma modalidade de gestão dirigida e de agregação em dupla, mas, também, uma colocação análoga dentro do plano geral do dia. Constituem o momento da transferência para a sala da turma e para fora dela, espaço em que os lactentes passam sem solução de continuidade 86% do seu dia na creche (ver tabela A2). Os episódios 10 e 21 são transições cuja configuração pode ser sobreposta, excetuando-se o marcador dos participantes. Esses episódios também têm um significado semelhante dentro do dia: constituem a conclusão de uma longa seqüência, caracterizada predominantemente por poliatividade, e a entrada em uma atividade de rotina de lanche ou do almoço. A modalidade de agregação em dupla e de interação do tipo $I_D$ contribui, nesse momento, para tornar mais suave a passagem da autonomia da atividade de brincadeira livre para a dependência na atividade de cuidado. Os episódios 12 e 26 são ambos caracterizados por uma modalidade de agregação livre e por uma modalidade de gestão intermediária do tipo $I_D$. Episódios de transição semelhantes entre si, que apresentam, dentro do dia, um significado análogo, visto que constituem a entrada na fase do descanso de toda ou de pelo menos uma parte da classe.

As transições acontecem de acordo com uma modalidade de gestão dirigida ou $I_D$ e de acordo com a modalidade de agregação em dupla; o envolvimento direto entre educadora e cada criança, que essas modalidades implicam, parece realizar uma interação quase diádica entre os atores envolvidos que, se é funcional para o desenvolvimento de operações em que as crianças não são de modo algum autônomas, é, também, a expressão da intencionalidade adulta de tornar os pequenos mais confiantes, porque apoiados pela proximidade física e emocional das educadoras, e disponíveis para aceitar a mudança de situação ou para serem tocadas serenamente.

A breve apresentação de um exemplo poderá facilitar a compreensão.

Episódio 2: "7h47 G. bate uma vez as mãos e abre-as depois para a menina, convidando-a a se levantar. Ma. dá um impulso com as costas e a educadora pega-a nos braços, elogiando-a. G. sai no corredor e põe a pequena no carrinho ali colocado... 7h48 Ma. resmunga; G. repete os resmungos imitando um pouco a criança. A., educadora dos grandes, atravessa o corredor. G. repete, impostando a voz como se se tratasse de resmungos de uma criança, as palavras que A. lhe dirige, olha Ma. no rosto, que a olha por sua vez e sorri... 7h49 G. bate delicadamente a própria testa contra a da menina por algumas vezes. A pequena ri. A educadora pára e olha a menina, que repete a brincadeira, batendo por sua vez a testa contra a testa da educadora. G. olha a pequena e lhe diz: 'Vamos? Sim!'. A educadora empurra o carrinho para a sala dos grandes".

Todas as rotinas, exceto a rotina do soninho, indicada como $I_?$ e a rotina do episódio 34, que parece um episódio mais próprio e característico do dia-a-dia das crianças do meio, envolvem de modo dirigido as educadoras com os pequenos que são cuidados e com os quais se estabelece um relacionamento imediato, enquanto o resto do grupo gerencia a espera, geralmente prosseguindo a atividade de brincadeira; a modalidade de gestão das situações é a $I_D$. Efetivamente as rotinas, inclusive os breves momentos de troca que se inserem dentro dos episódios 7, 13a e 18, ocupam mais de 43% do dia (ver tabela A1).

Um padrão de marcadores semelhantes verifica-se nas situações de poliatividade que, com exceção do episódio 13a, são todas caracterizadas pela modalidade de agregação livre. A poliatividade e as agregações livres apresentam-se, em geral, em agrupamentos muito consistentes de episódios ao longo de toda a duração do dia, derivados diferentemente em relação ao marcador da gestão. As situações de poliatividade constituem a norma para as crianças da turma que são quase sempre livres para se envolver em atividades de brincadeira, mesmo quando a educadora se afasta para trocar um dos colegas ou para arrumar a sala. O que parece ocorrer, de fato, na turma dos lactentes é um fluxo ininterrupto de um tempo de brincadeira, que, apenas ocasionalmente e para cada criança em momentos diferentes, é incluído no tempo social da troca com a educadora, no tempo institucional do cuidado com a criança, cuja organização é uma prerrogativa e um fato do qual apenas a educadora parece ter consciência. Realmente, a poliatividade ocupa mais de 41% do tempo observado (ver tabela A1). Essas situações assumem, depois, um significado diferente, oferecendo oportunidades muito diferentes de aprendizagem para os pequenos, se a educadora promover e participar das atividades ($I_T$), se se contentar em supervisioná-las ($I_A$) ou se se limitar a observar as crianças (A). Pertencem ao primeiro caso os episódios 5, 8, 13a e 35, ao segundo caso, 1, 3, 4, 5, 6, 8, 15, 17, 20, 31 e 35, ao terceiro os episódios 9, 16, 19 e 25. Eis alguns exemplos:

Episódio 8: "8h45 Ma. agita um brinquedo e ri alegre. G. olha para ela e a encoraja a continuar a brincadeira... 8h47 Ma. olha para a educadora, que se senta perto dela e lhe mostra alguns brinquedos e faz com que os toque; a menina ri eufórica e resmunga satisfeita quando a educadora olha para ela ou aproxima dela os brinquedos... 8h49 G. levanta-se para arrumar as camas; Ma. segue-a com o olhar, em silêncio... G., das caminhas, olha e chama Ma. que resmunga para ela... 8h51 Lu caminha em direção a G. e agarra-se a suas calças, a educadora pega-a pela mão e a leva para as almofadas. Lu. aponta para a educadora a caixinha de música, G. puxa de novo a cordinha e a música recomeça... 8h53 G. senta-se perto das crianças e recita uma parlenda. Ni. olha para ela e a educadora, olhando-o, arregala os olhos e exagera os movimentos da boca, para atrair sua atenção".

Episódio 19: "11h05 L. acaba de trocar Lu... Er. olha para ela tranqüilamente do seu lugar... 11h06 Ma. consegue puxar um grande brinquedo para si. Lucio olha-se no espelho, sorrindo, enquanto bate duas rolhas de cortiça, uma contra a outra... 11h07 levanta-se do cavalinho e começa a andar pela sala... 11h11 L. diz a Ni.: 'Olha como o Lucio é bonzinho, está ali brincando sozinho'".

A tabela de análise A1 permite observar que *a atividade didática* da manhã constitui um episódio único do dia, do qual, além do mais, não participam todas as crianças da turma. Sua unicidade deve-se também ao fato de ser o único episódio em que a modalidade de interação permanece o tempo todo do tipo $I_T$, ou seja, na qual a educadora propõe e apóia uma exploração contínua e excitante de objetos interessantes e incomuns em relação aos que estão geralmente à disposição das crianças. Essa atividade parece constituir uma ocasião de aprendizagem que pode acontecer apenas em uma situação de grupo pequeno ou para as crianças maiores da turma.

Episódio 14a: "10h04 G. começa a soprar dentro de um canudo de papelão, produzindo uma vibração muito baixa. G. passa o canudo a Ni., que o coloca imediatamente na boca, mordendo-o. A educadora tira um outro canudo de papelão da caixa, falando: 'Um outro!' e o dá a Er... 10h06 A educadora tira um papel de ovo de Páscoa e desdobra-o. As crianças olham para ela, atraídas pelo barulho. G. passa às crianças outras folhas dobradas e Lu. e Er. divertem-se em agitá-la no ar... 10h12 Er apóia o canudo de papelão na boca de G., que sopra e faz um som. G. tira do caixote uma correntinha... 10h13 A educadora pega a correntinha das mãos de Ni..., segura sua mãozinha aberta e faz a correntinha descer lentamente para a palma da mão da criança. O pequeno sorri... 10h15 G. pega alguns lenços coloridos do caixote e os coloca na cabeça das crianças, puxando-os de repente e fazendo 'Achou!'. As crianças riem alegres... 10h16 A educadora coloca novamente um lenço na cabeça de Lu. A menina, depois de alguns instantes, puxa-o dizendo 'Teté' e rindo para a educadora".

Entre as **modalidades de gestão** (ver tabela A4), se a modalidade dirigida, igual a 1%, é desprezível e a modalidade autônoma, igual a aproximadamente 7%, não influi muito no plano geral do dia, a modalidade intermediária constitui a norma, com uma porcentagem total igual a 92. A modalidade de gestão intermediária, porém, deve ser subdividida entre as diferentes modalidades de interação das educadoras com o grupo de crianças. Aproximadamente 35% do tempo total é caracterizado pela modalidade $I_A$, na qual a educadora, por um lado, está envolvida na supervisão das atividades de todo o grupo, livre para escolhê-las e gerenciar-se, e por outro, está envolvida numa troca, geralmente apenas verbal, dirigida e intermitente, com uma ou com poucas crianças de cada vez. Em aproximadamente 30% do dia as educadoras estão interagindo de acordo com uma modalidade $I_D$, ou seja, estão empenhadas, por um lado, em escolher e dirigir a atividade de uma só ou de poucas crianças, e, por outro lado, em garantir que o resto do grupo passe o momento de espera desenvolvendo uma atividade de acordo com a instrução implícita de continuar brincando. A modalidade de interação $I_D$, própria dos episódios de transição e de rotina, caracteriza a gestão de momentos em que a atenção da educadora está voltada principalmente na direção de uma única criança e na manutenção da ordem própria de toda a situação, com o fim de exercer um controle mais forte sobre todo o contexto. As crianças passam 18,5% do tempo na atividade de repouso, gerida de modo intermediário ($I_?$). O tempo restante, igual a 8,6% do total, caracteriza-se por uma interação de G. com as crianças, do tipo $I_T$, em que ela se empenha em promover, como parceira de igual para igual, determinadas atividades e em apoiá-las, repropondo as iniciativas das crianças através de desafios que os pequenos podem procurar superar justamente graças à proximidade e a direção da educadora.

## *Tabelas de análise dos dados*

### Tipo de atividade

| **A1** | **Manhã** | | | **Tarde** | | | **Total** | | |
|---|---|---|---|---|---|---|---|---|---|
| | Minutos | % | n. episódios | Minutos | % | n. episódios | Minutos | % | n. episódios |
| P | 150 | 51,2 | 14 | 55 | 26,3 | 3 | 205 | 40,8 | 17 |
| R | 81 | 27,6 | 4 | 138 | 66 | 5 | 219 | 43,6 | 9 |
| D | 14 | 4,8 | 1 | 0 | 0 | 0 | 14 | 2,8 | 1 |
| T | 44 | 15 | 4 | 16 | 7,7 | 2 | 60 | 12 | 6 |
| O | 4 | 1,4 | 1 | 0 | 0 | 0 | 4 | 0,8 | 1 |
| Total | 293 | 100 | 24 | 209 | 100 | 10 | 502 | 100 | 34 |

### Espaços

| **A2** | **Manhã** | | | **Tarde** | | | **Total** | | |
|---|---|---|---|---|---|---|---|---|---|
| | Minutos | % | n. episódios | Minutos | % | n. episódios | Minutos | % | n. episódios |
| G | 29 | 9,9 | 3 | 0 | 0 | 0 | 29 | 5,8 | 3 |
| M | 0 | 0 | 0 | 36 | 17,2 | 2 | 36 | 7,2 | 2 |
| P | 261 | 89,1 | 20 | 170 | 81,3 | 7 | 431 | 85,9 | 27 |
| C | 3 | 1 | 1 | 3 | 1,4 | 1 | 6 | 1,2 | 2 |
| Total | 293 | 100 | 24 | 209 | 100 | 10 | 502 | 100 | 34 |

### Modalidade de agregação

| **A3** | **Manhã** | | | **Tarde** | | | **Total** | | |
|---|---|---|---|---|---|---|---|---|---|
| | Minutos | % | n. episódios | Minutos | % | n. episódios | Minutos | % | n. episódios |
| L | 175 | 59,7 | 15 | 161 | 77 | 6 | 336 | 66,9 | 21 |
| C | 76 | 25,9 | 6 | 29 | 13,9 | 3 | 105 | 20,9 | 9 |
| I | 16 | 5,5 | 1 | 0 | 0 | 0 | 16 | 3,2 | 1 |
| PG | 26 | 8,9 | 2 | 19 | 9,1 | 1 | 45 | 9 | 3 |
| Total | 293 | 100 | 24 | 209 | 100 | 10 | 502 | 100 | 34 |

### Modalidade de gestão

| **A4** | **Manhã** | | | **Tarde** | | | **Total** | | |
|---|---|---|---|---|---|---|---|---|---|
| | Minutos | % | n. episódios | Minutos | % | n. episódios | Minutos | % | n. episódios |
| D | 3 | 1 | 1 | 3 | 1,4 | 1 | 6 | 1,2 | 2 |
| $I_D$ | 112 | 38,2 | 8 | 39 | 18,7 | 3 | 151 | 30,1 | 11 |
| $I_T$ | 35 | 11,9 | 2,5 | 8 | 3,8 | 0,5 | 43 | 8,6 | 3 |
| $I_A$ | 126 | 43 | 9,5 | 49 | 23,4 | 2,5 | 175 | 34,9 | 12 |
| $I_?$ | 0 | 0 | 0 | 93 | 44,5 | 2 | 93 | 18,5 | 2 |
| A | 17 | 5,8 | 3 | 17 | 8,1 | 1 | 34 | 6,8 | 4 |
| Total | 293 | 100 | 24 | 209 | 100 | 10 | 502 | 100 | 34 |

# 4. O dia-a-dia das crianças em processo de desmame

**Grade de distribuição dos episódios**

| N. E. | Hora | Dur. | Ativ. | Espaço | Participantes | Agr. | Mod. | Var. |
|---|---|---|---|---|---|---|---|---|
| 1 | 7h34 | 43 | $P_R$ | G | 2E'* + T* + P* + E* + A* | L | $I_A$ | — |
| 2 | 8h17 | 38 | $P_R$ | M | 2E* + P* + C* + 2E'* | L | $I_{A+T}$ | 2° |
| 3 | 8h45 | 25 | $P_R$ | M | E'* + C* + E* + P* | L | A | 2 |
| 4 | 9h10 | 5 | O | M | E + C + P* | G/ | $I_D$ | 4 |
| 5 | 9h15 | 10 | T | M | E + C* + $2^{A*}$ + P* | G | $I_D$ | 1 |
| 6 | 9h25 | 3 | $D_R$ | M | E + C | G | D | 2 |
| 7 | 9h28 | 8 | T | M | E + E* + C* + E'* | G/ | $I_D$ | 3 |
| 8 | 9h36 | 10 | $R_L$ | M | 2E* + C* + A* | PG/ | $I_D$ | 3 |
| 9 | 9h46 | 8 | P | M | E + E* + C* | L | $I_A$ | 2° |
| 10a | 9h54 | 24 | P | M | E + $M_1$ + E* + $M_2$* | PG | $I_A$ | 2 |
| 11a | 10h18 | 22 | $R_T$ | B | E + $M_1$ + 2E'* + E* | PG | $I_D$ | 3° |
| 12 | 10h40 | 2 | P | M | C + 2E + E* + A* | L | A | 5 |
| 13 | 10h42 | 2 | T | M | E + E* + C | G | $I_D$ | 4 |
| 14 | 10h44 | 13 | $D_{MUS}$ | M | E + 2E* + C + 2E'* | G | $I_T$ | 2° |
| 15b | 10h57 | 19 | $D_{MUS}$ | M | E + E* + $M_2$ | PG/ | $I_{T+A}$ | 2° |
| 16b | 11h16 | 4 | T | M | E + $M_2$ | PG | D | 3 |
| 17b | 11h20 | 4 | R | B | 2E + $M_2$ | PG | $I_D$ | 4 |
| 18b | 11h24 | 10 | T | M | 3E* + $M_1$* + $M_2$ | PG | $I_D$ | 3 |
| 19 | 11h34 | 25 | $R_A$ | M | 3E +C+$2^{A*}$ | PG | $I_A + I_D$ | 1° |
| 20 | 11h59 | 10 | P | M | 3E + C | L | $I_A$ | 2° |
| 21 | 12h09 | 14 | P | M | E + $3^{A*}$ + $M_2$ | PG | $I_{T+A}$ | 2° |
| 22 | 12h23 | 9 | P | C | E+$M_2$+E* + $M_1$* +$3^{A*}$ + E'* +O* | PG | $I_T$ | 1° |
| 23 | 12h32 | 13 | P | S | E + $M_1$ + P* | PG | $I_T$ | 3° |
| 24 | 12h45 | 6 | P | S | E + 2E* +P* + $M_2$ + $M_1$* | PG | A | 3 |
| 25 | 12h51 | 5 | T | M | 2E + C +E* | L | $I_D$ | 5 |
| 26 | 12h56 | 123 | $R_D$ | M | C | L | $I_?$ | 2° |
| 27 | 14h59 | 8 | T | M | 2E + C +$2^{A*}$ | L | $I_D$ | 2° |
| 28 | 15h07 | 11 | $R_T$ | B | B/2 + 2E + A* | G | $I_D$ | 3 |
| 29 | 15h18 | 7 | T | M | E + E* + C* + A* | G/ | $I_D$ | 2 |
| 30 | 15h25 | 18 | $R_L$ | M | E + C + E* + $2^{A*}$ + E'* | PG/ | $I_D$ | 3 |
| 31 | 15h43 | 20 | $P_R$ | M | E + B* + P* | L | A | 4 |
| 32 | 16h03 | 7 | $P_R$ | M | E'+ C* + P* | L | $I_A$ | 2 |
| 33 | 16h10 | 8 | $P_R$ | M | E + B* + P* + E'* | L | A | 2 |
| 34 | 16h18 | 4 | $P_R$ | G | E + E' + T* + P* + E'* | L | $I_A$ | 3 |
| 35 | 16h22 | 62 | $P_R$ | G | 2E'* + T* + P* + E' + $3^{A*}$ | L | $I_A$ | 1 |
|  | 17h24 |  |  |  |  |  |  |  |

**Legenda**

Para as dimensões da **Modalidade de gestão** ver a legenda da grade para distribuição dos episódios da turma dos lactentes do item 3.

ESPAÇOS
M = Turma das crianças do meio
C = Corredor
B = Banheiro
S = Salão da motricidade
G = Turma dos grandes

ATIVIDADES
$P_R$ = poliatividade + recepção ou despedida
P = poliatividade
T = transição
$R_L$ = rotina do lanche
$R_T$ = rotina da troca
$R_A$ = rotina do almoço
$R_D$ = rotina do descanso
D = atividade didática
$D_R$ = atividade didática e de rotina
$D_{MUS}$ = atividade didática com os instrumentos musicais
O = atividade organizacional

PARTICIPANTES
P = pais
E = educadores de turma
E' = educadores de outras turmas
T = crianças de toda a creche
C = crianças da turma das crianças do meio
C/2 = todas as crianças da turma das crianças do meio menos duas
A = atendente
O = crianças de outras turmas
$M_1$ = metade da turma, primeiro grupo
$M_2$ = metade da turma, segundo grupo
* = o asterisco assinala a curta permanência desses participantes no episódio

MODALIDADE DE AGREGAÇÃO
L = agregações livres
G = em grupo
I = individual
PG = em grupo pequeno
PG/= em grupo pequeno em que são permitidos afastamentos
G/= em grupo em que são permitidos afastamentos das crianças

## *4.1. Ritmo e descontinuidade: a leitura vertical*

Nos três primeiros episódios, que têm duração total de 96 minutos e, portanto, um ritmo muito lento em relação ao resto do dia, o momento social articula-se em duas situações: a brincadeira livre das crianças, antes na sala dos grandes e depois na sala das do meio, e a recepção e a conversa da educadora com os pais. Na sala da turma, a partir das 8h16, a educadora D. gerencia a situação de brincadeira de acordo com uma modalidade intermediária, na qual intervém mais ativamente nas brincadeiras, em todo caso quase autônomas, dos pequenos. Às 8h45 a intervenção da educadora dos lactentes, L., com o seu estilo pessoal de condução das situações de brincadeira, modifica mais uma vez a modalidade de gestão.

Os episódios que vão do 4 ao 7 parecem, no conjunto, constituir uma ampla e articulada transição da poliatividade inicial para a rotina da merenda, transição que se desenvolve na sala da turma e começa com uma atividade organizacional de arrumação, que é executada pelo grupo todo, para prosseguir com duas transições propriamente ditas e com a chamada. A modalidade de agregação mantém-se em grupo até o lanche, no qual, ao contrário, as crianças estão reunidas em pequenos grupos nas três mesas presentes na sala. A creche prevê um horário de entrada que se prolonga até as 9h30 e a chamada parece constituir o momento da definição do grupo completo de turma no dia em curso e o início oficial deste. O dia assume, de repente, um ritmo mais rápido, como mostra a maior brevidade desses episódios em relação aos três primeiros, e um caráter mais formal, como indica o fato de que a modalidade de gestão torna-se intermediária (do tipo $I_D$), ou até dirigida, como no caso da chamada. Essa transição articulada é gerida de acordo com uma modalidade de interação $I_D$, própria das situações escolhidas e guiadas pelos educadores, que deixam as crianças autônomas na gestão do próprio comportamento, mas não livres para decidir. Essa é uma modalidade de interação na qual os educadores intervêm nos comportamentos inadequados ou incorretos de cada um, reforçando com gestos ou com palavras, as exigências implícitas na situação, e canalizando assim a ação das crianças na direção certa. É essa modalidade na qual os educadores ajudam uma criança de cada vez e todas as crianças, uma por uma, durante o lanche.

Terminado o lanche, depois de um breve momento de brincadeira livre na turma, o grupo da turma é subdividido em dois subgrupos, um dos quais é levado ao banheiro para a rotina da higiene, enquanto o outro se mantém na sala continuando a atividade de brincadeira. Às 10h18 os dois grupos trocam de lugar. A atividade de rotina no banheiro, que parece concluir a primeira parte da manhã, é desenvolvida em pequenos grupos, para tornar a permanência das crianças, que se mostram um pouco agitadas, no banheiro o mais breve possível. Nas práticas de higiene a educadora atende uma criança de cada vez e, paralelamente, mantém a atenção do resto do grupinho cantarolando uma música.

Os episódios 12 e 13 com duração de dois minutos cada um e com índice de descontinuidade igual a 5 e 4, respectivamente, concluem o primeiro momento de rodízio na rotina de higiene dos dois grupinhos de crianças no banheiro. Os episódios 10a, 11a, 12 e 13 constituem quase um conjunto único que quebra a manhã em duas partes: a primeira de início do dia educativo e a segunda de atividade de brincadeira mais estruturada, senão propriamente didática. Esses breves episódios constituem para os educadores a oportunidade de organizar a atividade sucessiva, enquanto as crianças são deixadas momentaneamente autônomas para gerir a própria atividade de brincadeira livre na sala.

A atividade didática, dos episódios 14 e 15b, divide-se em duas partes, uma em que toda a classe participa e uma em que somente um grupinho participa, enquanto as outras crianças seguem D. no salão da motricidade. É uma atividade em que os educadores entram como parceiros de igual para igual com as crianças, embora mais experientes, nunca e em nenhum caso levando vantagem na brincadeira. É uma atividade que os educadores gerenciam de maneira intermediária, modulando o próprio grau de participação na brincadeira, com o fim explícito de tornar cada vez mais envolvente a exploração dos instrumentos pelas próprias crianças.

A transição do episódio 16b, juntamente com a transição do episódio 18b e a rotina de higiene das mãos no banheiro, constitui um conjunto único, uma transição para a rotina do almoço, quase como um ritual que desemboca no momento da refeição. Um ritual que exige uma gestão dirigida ou $I_D$ da situação por parte dos educadores por causa da relativa dificuldade das crianças para entender as exigências implícitas na própria situação e que coloca os educadores na situação de precisar não apenas explicitar as regras infringidas, mas intervir de maneira direta com os transgressores reticentes. Durante essas transições recompõe-se o grupo de turma, que permanece, contudo, subdividido em pequenos grupos durante toda a rotina do almoço.

A rotina do almoço tem um índice de descontinuidade muito baixo, sinal de que essa situação é adequadamente preparada pelo ritual que acabamos de mencionar. Durante o almoço as crianças maiores da turma são quase autônomas para comer, enquanto os educadores dão comida na boca das menores. A partir das 11h59 as crianças que acabam de comer têm permissão para levantar-se e brincar livremente na sala. O episódio 20 configura-se, portanto, como a saída gradual da rotina da refeição, e é caracterizado por agregações livres e por uma modalidade de interação intermitente e descontínua ($I_A$). A maior parte do grupo mergulha na poliatividade, mas algumas crianças ficam sentadas nas mesas ainda alguns minutos e recebem ajuda das educadoras para terminar o almoço.

Os episódios 21 a 24 são caracterizados por poliatividade, que as crianças fazem em grupos pequenos em três espaços: a classe da turma, o corredor e o salão da motricidade. As crianças são divididas nos costumeiros três grupos e, alternadamente, atravessam esses espaços e o banheiro, com uma dupla função: dirigir-se ao banheiro para a tradicional rotina de higiene que se segue ao almoço e deixar livre o espaço da turma, que é preparado para o soninho. A modalidade de gestão apresenta-se como a expressão do estilo pessoal de cada um dos educadores, em cada episódio singularmente presente, na gestão de atividade de brincadeira livre do próprio grupo de crianças.

Segue-se o episódio do soninho, preparado e concluído por um breve momento de transição. Observa-se uma forte diminuição no ritmo do dia devido, essencialmente, ao longo episódio de descanso. O espaço ainda é a sala da turma. Uma concentração única relaciona-se com a modalidade de gestão que é intermediária, do tipo $I_?$ e do tipo $I_D$. A modalidade de gestão ($I_D$) é sinal, nesse caso, da atenção totalmente pessoal que os educadores dirigem a cada criança, criando um espaço protegido, embora breve, de interação entre educador e criança. Os educadores gerenciam de maneira dirigida e pessoal a interação com cada criança, para ajudá-la a pegar no sono. A concentração que se observa também no marcador da modalidade de agregação é significativa do fato de que as crianças entram e saem lentamente da configuração própria do momento de descanso.

Às 15h07 os educadores levam, muito rapidamente, as crianças para o banheiro, onde se desenvolve a costumeira atividade de troca ao final do descanso. A rotina de troca desenvolve-se em grupo pela primeira vez no dia. Em grupo continua o momento sucessivo de transição na classe, enquanto o episódio seguinte, da merenda, desenvolve-se em pequenos grupos, como se costuma fazer em todos os momentos da refeição.

Os últimos cinco episódios apresentam duas grandes concentrações na modalidade de agregação e no tipo de atividade e se configuram como brincadeira livre das crianças, primeiramente na sala das crianças do meio e depois, a partir do episódio 34, na sala dos grandes. O marcador dos participantes varia em cada um dos cinco episódios, visto que começam a entrar na sala os pais que vêm buscar os seus filhos, enquanto o marcador da gestão alterna-se entre a modalidade autônoma e a $I_A$. É interessante notar que a modalidade autônoma é assumida por F. somente no momento em que os pais começam a entrar na sala; a educadora dedica-se a receber esses pais e trocar com eles informações sobre o dia, dedicando menor atenção às atividades das crianças, que ficam mais livres para gerir os próprios entendimentos e desentendimentos com os colegas. Isso não acontece, porém, nos três episódios, 32, 34 e 35, quando está presente a educadora da tarde, M., que, se não interage de modo contínuo e sempre proposicional com as crianças, mantém a sua máxima atenção no grupo e na manutenção de um clima sereno.

## *4.2. Índices de continuidade: as concentrações*

Vamos procurar agora, como fizemos para o dia-a-dia dos lactentes, identificar, através da presença ou não de concentrações, o grau de descontinuidade de cada marcador. Os marcadores dos **participantes** e da **modalidade de gestão** das situações apresentam, ambos, três breves concentrações, das quais duas paralelas. Em relação ao primeiro marcador, são os episódios 4 a 6, 18 a 20 e 27 a 29. Em relação à modalidade de gestão, são os episódios próximos à refeição, do 17b ao 19, que têm uma gestão $I_D$, dos episódios sucessivos à refeição, do 21 ao 23, de gestão $I_T$, e dos episódios sucessivos ao soninho até a rotina do lanche, do 27 ao 30, de gestão $I_D$. Esses são os marcadores que apresentam maior grau de descontinuidade dentro do dia e que, portanto, contribuem, mais do que os outros, para fragmentar o seu ritmo total.

Segue-se o marcador das **atividades**, que apresenta três concentrações de poliatividades relativas aos episódios 1 a 3, com duração de 96 minutos, 20 a 24, com duração de 52 minutos, 31 a 35, com duração de 101 minutos. A primeira e a terceira concentração ocupam quase totalmente os momentos informais de entrada e de saída da creche e coincidem com duas concentrações de agregações livres no marcador dos agrupamentos sociais.

O marcador da **modalidade de agregação** apresenta três concentrações de agregações livres, relativas aos episódios 1 a 3, de entrada no dia da creche, 25 a 27, relativas ao descanso, 31 a 35 de saída do dia; duas concentrações de grupo pequeno, relativas aos episódios 15b a 19, que cobrem a segunda parte da manhã, 21 a 24, relativos ao almoço e ao soninho. A modalidade de grupo apresenta uma concentração nos episódios 4 a 7, episódios de entrada na parte mais estruturada do dia. É interessante notar que as concentrações de grupo pequeno correspondem a concentrações de modalidade de gestão das situações do tipo $I_A$ e $I_T$, respectivamente.

O marcador do **espaço** apresenta cinco longas concentrações, todas relativas ao espaço de turma, intermitentemente abandonado por um grupinho de crianças para realizar as rotinas de higiene no banheiro, em momentos bem distribuídos no curso do dia.

### *4.3. Os padrões: a leitura horizontal*

Cruzar uma leitura horizontal e uma vertical da tabela de distribuição dos episódios permite produzir esclarecimentos ulteriores em relação aos padrões recorrentes dos marcadores no dia. Na análise apresentada a seguir, faremos referência aos percentuais apresentados nas tabelas B1, B2, B3 e B4 no final desse item 4.

As *transições* ocorrem sempre de acordo com uma modalidade de gestão intermediária do tipo $I_D$, com exceção do episódio 16b, em que F. propõe a brincadeira do trenzinho para ir ao banheiro e gerencia essa brincadeira de maneira dirigida. Essa escolha parece ser fruto da dificuldade para gerir o grupinho de crianças agitadas. Geralmente nessas transições os educadores dão um aviso ou uma ordem para as crianças, que executam de maneira mais ou menos autônoma as ordens, nem sempre explicitadas pelos educadores, mas evidentemente já inscritas nos hábitos diários. Os educadores também se empenham em fazer com que sejam respeitadas novas regras situacionais, em geral aceitas muito lentamente, quando não abertamente infringidas pelas crianças. As modalidades de agregação, que caracterizam as várias transições, parecem ser fruto de escolhas específicas que são feitas dependendo do caso. As agregações livres são, de fato, próprias das transições de entrada e saída do sono, enquanto o grupo pequeno caracteriza os episódios 16b e 18b, de passagem da atividade didática da manhã para a rotina do almoço. O grupo, enfim, é a modalidade de agregação dos episódios 5 e 7, episódios de entrada formal no dia da creche, do episódio 13, episódio de passagem da poliatividade para a atividade didática da manhã, do episódio 29, de entrada na última atividade oficial do dia: a rotina do lanche. O grupo é, assim, a modalidade de agregação própria dos momentos de abertura e fechamento do dia oficial na creche e de início da atividade didática. São momentos que "precisam" envolver todas as crianças porque introduzem e concluem as atividades, talvez, mais significativas pela intencionalidade pedagógica implícita. Propomos, a seguir, dois exemplos para mostrar, por um lado, a necessidade dos educadores de interagir de maneira dirigida com as crianças que contrariam as solicitações e, por outro, a relativa capacidade das crianças de buscar, no ritualismo do momento, as solicitações implícitas, que os educadores precisam explicar somente nos casos esporádicos de infração de alguma regra.

Episódio 13: "10h42 F. diz às crianças para começarem a se sentar no tapete. Os pequenos não reagem imediatamente. A educadora volta a propor: 'Sentem-se no tapete porque hoje vamos fazer uma atividade nova: música!' Algumas crianças sentam-se no tapete, muitas outras continuam ocupadas nas próprias atividades... 10h43 F. anda pela sala, pegando as crianças que dão um pouco de trabalho para serem levadas".

Episódio 7: "9h28 Ni., que não tinha sido visto antes, fica em pé na cadeira e depois começa a passear pela sala. D. o vê e lhe diz para voltar ao seu lugar, mas o menino não obedece, assim é a própria educadora que o leva pela mão para sentar-se... 9h33 D. diz às crianças para ficarem sentadas, enquanto ela corta as maçãs. Ni. levanta-se e brinca perto das grades das janelas. A educadora dá as costas para as crianças e continua falando com elas. Al. se levanta e se aproxima de mim, me olha e depois sai da sala. So. me olha, mostrando a colega, que sai... 9h34 To. começa a chorar, D. se vira, vê a criança e lhe diz: 'Sente-se direitinho que assim você não se machuca'. A educadora percebe que Al. não está mais na sala e vai até a porta para ver aonde foi parar a menina... 9h35 Ni. ainda está de pé, perto da janela e a educadora o convida a se sentar no seu lugar".

As ***rotinas*** de higiene acontecem no banheiro, de acordo com uma modalidade de gestão da situação do tipo $I_D$ e em geral de grupo pequeno, exceto no caso particular do episódio 28, que por motivos logísticos se desenvolve com todo o grupo de turma. As rotinas de troca têm essa configuração por causa dos cuidados completos que cada criança exige. As rotinas do lanche e do almoço desenvolvem-se em grupo pequeno porque as crianças estão sentadas em três mesas e estão singularmente envolvidas com o educador que se ocupa em dar-lhes a comida na boca, gerenciando a situação de acordo com uma modalidade $I_D$. As crianças maiores da turma são, ao contrário, autônomas para comer e a educadora limita-se a entretê-las conversando com elas e gerenciando a situação com uma modalidade $I_D$. Nas rotinas a modalidade de interação é geralmente do tipo $I_D$ porque as crianças, por um lado, ainda precisam de um atendimento pessoal completo por parte dos adultos e, por outro lado, são obrigadas a respeitar regras situacionais envolventes e impessoais. No total, as rotinas ocupam 36% do dia (ver tabela B1).

A ***poliatividade***, que caracteriza 48% do dia (ver tabela B1), tem quase sempre uma configuração característica. Na poliatividade das crianças do meio, elas estão envolvidas, geralmente em grupo pequeno e não apenas no espaço da sala, em brincadeiras propostas e nunca impostas pelos educadores, que participam delas pessoalmente e mantêm sempre uma proximidade espacial importante com as crianças. A gestão é, no todo, mais intermediária do que autônoma e a modalidade de interação derivada de maneira variada ($I_A$ e $I_T$ são equivalentes nos episódios de poliatividade que caracterizam o corpo central do dia).

Episódio 23a: "12h32... A educadora aproxima-se dos pequenos no castelo e fala com eles afetuosamente... 12h33 D. olha as crianças e as encoraja nas suas brincadeiras: 'Mas que linda a minha An... Muito bem, assim...'. A educadora senta num dos triciclos estacionados e anda pela sala gritando alegremente... 12h34 As crianças olham para ela, ansiosas para imitá-la. So. tenta pegar um dos triciclos pendurados na parede, puxando a sua roda e, não tendo sucesso na tentativa, reclama. A educadora coloca no chão três triciclos, nos quais as crianças pulam imediatamente. Os pequenos vão para frente, empurrando-se com os pés e rindo com gosto... 12h37 As crianças andam alegremente com os triciclos e D. as estimula... 12h38 D., sentando-se num triciclo, lança um desafio: 'Vamos apostar corrida!'. Ma. está sentada no triciclo, parada no meio da sala, olha os colegas. An. pedala e empurra o triciclo contra o da educadora. D. demonstra um espanto fingido... 12h40 D. voltando para o triciclo, recomeça a andar e berra: 'Pum! Bati na So. Pum!' A educadora bate com o triciclo na menina, que ri alegremente".

A empatia que as crianças demonstram para com os educadores e para com os colegas, mesmo nas diferenças individuais, é um aspecto quase palpável do contexto educativo, mesmo e com especial evidência nos episódios de desentendimento, onde a agressividade encontra vazão nos roubos de brinquedos, no ressentimento mostrado contra as imposições normativas que limitam a liberdade de ação, e na ofensa física causada aos próprios colegas; uma vazão que freqüentemente encontra eco imediato nas ações que ricocheteiam da conduta de uma criança para outra.

Episódio 9: "9h47 D. pega Ma. no colo e vai telefonar para a sua família. Al. tenta seguir as três fora da sala, mas E. agarra-a e a traz de volta para a sala chorando. A educadora fecha a porta... 9h48 Al. se joga ao chão, chorando e esperneando... 9h49 Al. pára de chorar, levanta-se e dá um soco na cabeça de An., que estava olhando para ela inocentemente. A menina ameaça um choro e prefere afastar-se rapidamente da colega... 9h50 Al. senta-se no chão, desolada, olhando E. A educadora joga a bola para o alto e depois para as crianças, que se reuniram em volta dela... 9h51 Al. levanta-se e recomeça a chorar, olhando para a educadora que, porém, continua a brincar com a bola. A menina, continuando a chorar, agarra os cabelos de An. e os puxa. An. começa a chorar. Al. solta a presa. A educadora intervém para resolver o conflito".

Pode-se afirmar que na turma das crianças do meio a brincadeira livre constitui uma oportunidade para as crianças socializarem-se e realizarem importantes aprendizagens; oportunidade que é reconhecida como tal e aproveitada nas suas potencialidades pelos próprios educadores.

A *atividade didática*, que caracteriza os episódios 14 e 15b, é quase sempre gerenciada de maneira intermediária e principalmente através de uma interação que dá às crianças liberdade para explorar livremente e manipular os objetos e na qual os educadores intervêm na atividade das crianças para propor-lhes, através da imitação, modalidades novas de utilização dos objetos. Na atividade de brincadeira com os instrumentos musicais os educadores mantêm uma proximidade espacial imediata e contínua com as crianças, focalizando, além disso, a própria atenção naquilo que os pequenos estão fazendo; isso lhes permite acompanhar os interesses dos pequenos, intervindo quando a brincadeira corre o risco de perder o interesse ou quando é possível propor uma novidade que veicula uma aprendizagem.

Episódio 14: "10h45 F. senta-se entre as crianças e as encoraja a tocar. Al. tira um pandeiro, a educadora o pega e lhe mostra como deve ser tocado. O menino observa por um instante, mas logo pega o instrumento de volta, ansioso para tocá-lo ele mesmo... 10h46 E. volta para a sala com uma outra cesta e senta-se perto das crianças. Os pequenos começam a tirar os instrumentos também dessa nova cesta... 10h47 F. faz com que os pequenos se sentem e os arruma em volta de si, para poder mostrar a todos como os instrumentos devem ser tocados. 10h48 F. pega um triângulo e produz um som que ressoa. As crianças viram-se para olhar... ficam encantadas, de boca aberta... 10h49 E. pega um pandeiro e começa a tocá-lo alto, as crianças viram para ele e olham interessadas. Os pequenos, que têm um pandeiro nas mãos, tentam imitar os gestos do educador, mas não conseguem o mesmo efeito sonoro".

Em relação à *modalidade de gestão* (ver tabela B4), se a modalidade dirigida, igual a 1%, é desprezível e a modalidade autônoma, igual a 10%, não influi muito no plano geral do dia, a modalidade intermediária compromete 89% do dia e divide-se da seguinte maneira: 35% $I_A$, 10,5% $I_T$, 22,5% $I_D$ e 21% $I_?$. A modalidade de gestão dirigida aparece na turma das crianças do meio, por um lado ainda como uma modalidade utilizada para exercer maior controle sobre o grupo como acontecia na turma dos lactentes e, por outro lado, como tentativa apenas esboçada de levar a atenção das crianças para um foco único de interesse escolhido pela educadora. A modalidade de gestão intermediária $I_D$ (22,5% do dia) caracteriza, na turma das crianças do meio, todas as rotinas de troca e, com exceção da refeição para as crianças maiores da turma, nas quais se verificam dinâmicas específicas utilizadas na turma dos grandes, da refeição, bem como da maior parte das transições.

*Tabelas de análise dos dados*

**Tipo de atividade**

| B1 | Manhã | | | Tarde | | | Total | | |
|---|---|---|---|---|---|---|---|---|---|
| | Minutos | % | n. episódios | Minutos | % | n. episódios | Minutos | % | n. episódios |
| P | 182 | 57,4 | 11 | 101 | 37 | 5 | 283 | 48 | 16 |
| R | 61 | 19,2 | 4 | 152 | 55,7 | 3 | 213 | 36,1 | 7 |
| D | 35 | 11 | 3 | 0 | 0 | 0 | 35 | 5,9 | 3 |
| T | 34 | 10,7 | 5 | 20 | 7,3 | 3 | 54 | 9,2 | 8 |
| O | 5 | 1,6 | 1 | 0 | 0 | 0 | 5 | 0,8 | 1 |
| Total | 317 | 100 | 24 | 273 | 100 | 11 | 590 | 100 | 35 |

**Espaços**

| B2 | Manhã | | | Tarde | | | Total | | |
|---|---|---|---|---|---|---|---|---|---|
| | Minutos | % | n. episódios | Minutos | % | n. episódios | Minutos | % | n. episódios |
| G | 43 | 13,6 | 1 | 66 | 24,2 | 2 | 109 | 18,5 | 3 |
| M | 220 | 69,4 | 18 | 196 | 71,8 | 8 | 416 | 70,5 | 26 |
| B | 26 | 8,2 | 2 | 11 | 4 | 1 | 37 | 6,3 | 3 |
| S | 19 | 6 | 3 | 0 | 0 | 0 | 19 | 3,2 | 2 |
| C | 9 | 2,8 | 1 | 0 | 0 | 0 | 9 | 1,5 | 1 |
| Total | 317 | 100 | 24 | 273 | 100 | 11 | 590 | 100 | 35 |

**Modalidade de agregação**

| B3 | Manhã | | | Tarde | | | Total | | |
|---|---|---|---|---|---|---|---|---|---|
| | Minutos | % | n. episódios | Minutos | % | n. episódios | Minutos | % | n. episódios |
| L | 116 | 36,6 | 6 | 237 | 86,8 | 8 | 353 | 59,8 | 14 |
| G | 41 | 12,9 | 6 | 18 | 6,6 | 2 | 59 | 10 | 8 |
| PG | 160 | 50,5 | 12 | 18 | 6,6 | 1 | 178 | 30,2 | 13 |
| Total | 317 | 100 | 24 | 273 | 100 | 11 | 590 | 100 | 35 |

**Modalidade de gestão**

| B4 | Manhã | | | Tarde | | | Total | | |
|---|---|---|---|---|---|---|---|---|---|
| | Minutos | % | n. episódios | Minutos | % | n. episódios | Minutos | % | n. episódios |
| D | 7 | 2,2 | 2 | 0 | 0 | 0 | 7 | 1,2 | 2 |
| $I_D$ | 84 | 26,5 | 8,5 | 49 | 17,9 | 5 | 133 | 22,5 | 13,5 |
| $I_T$ | 61 | 19,2 | 4,5 | 0 | 0 | 0 | 61 | 10,3 | 4,5 |
| $I_A$ | 132 | 41,6 | 6 | 73 | 26,7 | 3 | 205 | 34,7 | 9 |
| $I_?$ | 0 | 0 | 0 | 123 | 45,1 | 1 | 123 | 20,8 | 1 |
| $I_A$ | 33 | 10,4 | 3 | 28 | 10,3 | 2 | 61 | 10,3 | 5 |
| Total | 317 | 100 | 24 | 273 | 100 | 11 | 590 | 100 | 35 |

# 5. O dia-a-dia dos grandes

**Grade de distribuição dos episódios**

| N. E. | Hora | Dur. | Ativ. | Espaço | Participantes | Agr. | Mod. | Var. |
|---|---|---|---|---|---|---|---|---|
| 1 | 7h37 | 45 | $P_R$ | G | $E^* + T^* + 2E'^* + 2^{A*}$ | L | $I_A$ | — |
| 2 | 8h22 | 3 | $P_R$ | G | C + E | L | $I_A$ | 1 |
| 3 | 8h25 | 2 | $P_R$ | G | A + C | L | A | 2 |
| 4 | 8h27 | 13 | $P_R$ | G | $E + C^* + E^* + P^* + E'^* + A^*$ | L | $I_A$ | 2 |
| 5 | 8h40 | 13 | $D_{HIS}$ | G | $E + C^* + E^* + E'^* + P^*$ | G | D | 3 |
| 6 | 8h53 | 3 | T | G | $E + C + E^* + A^*$ | G | $I_D$ | 2 |

| N. E. | Hora | Dur. | Ativ. | Espaço | Participantes | Agr. | Mod. | Var. |
|---|---|---|---|---|---|---|---|---|
| 7 | 8h56 | 24 | $D_{HIS}$ | G | $2E^* + C + E'^* + P^* + A^*$ | G | $I_D$ | 1 |
| 8 | 9h20 | 15 | $P_D$ | G | $2E + C^* + P^*$ | L | $I_D + I_A$ | 2° |
| 9 | 9h35 | 17 | $R_T$ | B, C | $2E + B^* + P^*$ | G/ | $I_D$ | 3° |
| 10 | 9h52 | 4 | T | G | $E^* + C + A^*$ | PG | $I_D$ | 4 |
| 11 | 9h56 | 9 | $R_L$ | G | $E + E^* + C^* + E'^*$ | PG/ | $I_A$ | 2° |
| 12 | 10h05 | 10 | $D_R$ | G | $2E^* + C^* + A^*$ | G | D | 4 |
| 13 | 10h15 | 5 | P | G | $E + E^* + C^*$ | L | A | 3 |
| 14 | 10h20 | 11 | $D_{HIS}$ | G | $2E^* + C$ | G | D | 3 |
| 15 | 10h31 | 7 | P | G | $2E + C + E^* + E'^* + A^*$ | L | $I_A$ | 4 |
| 16ª | 10h38 | 7 | T | G | $2E^* + M_1 + M_2$ | PG/ | $I_D$ | 3° |
| 17a | 10h45 | 38 | $D_{MOT}$ | G | $E+M_1+E^*+M_2^*+4E'^* + O^* + A^*$ | PG | D | 2 |
| 18 | 11h23 | 7 | T | S, G, C | $E + 2E^* + C + E'^* + O^* + A^*$ | PG | $I_T$ | 4 |
| 19 | 11h30 | 5 | $R_T$ | B | $E+E^*+M_1^*+E^*+M_3^*+E'^*+O^*+2^{A*}$ | PG/ | $I_D$ | 3° |
| 20 | 11h35 | 39 | $R_A$ | G | $2E + C^* + E^* + 2^{A*}$ | PG/ | $I_A$ | 2° |
| 21 | 12h14 | 5 | P | G | $E + E^* + C$ | L | A | 4 |
| 22 | 12h19 | 20 | $D_{HIS}$ | G | $E + 2E^* + C + 2^{A*}$ | G | D | 4 |
| 23 | 12h39 | 5 | T | C | $2E + E^* + C^* + 2E'^* + O^*$ | G/ | $I_T$ | 3 |
| 24 | 12h44 | 10 | $R_T$ | B, C | $2E + E^* + C^* + 3E'^*+O^*+P^* + 2^{A*}$ | G/ | $I_D$ | 2° |
| 25 | 12h54 | 3 | T | S | $E + 2E^* + C$ | G/ | $I_D$ | 3 |
| 26 | 12h57 | 3 | T | S | $3E + C$ | L | $I_D$ | 2 |
| 27 | 13h00 | 115 | $R_D$ | S | C | L | $I_?$ | 2° |
| 28 | 14h55 | 21 | T | S | $E + C^* + E'^* + 2^{A*}$ | G/ | $I_D$ | 3° |
| 29 | 15h16 | 6 | T | C | $E + C^*$ | G/ | $I_T$ | 1° |
| 30 | 15h22 | 10 | $R_T$ | B | $E + C + 2E'^* + O^*$ | G/ | $I_D$ | 3° |
| 31 | 15h32 | 16 | $R_L$ | G | $E^* + C^* + E'^* + P^* + A^*$ | PG | $I_A$ | 3° |
| 32 | 15h48 | 21 | $P_R$ | G | $E + B^* + P^* + E' + A^* + E'^*$ | L | $I_{T+A}$ | 2° |
| 33 | 16h09 | 26 | $P_R$ | G | $E^* + T + E' + 2E'^* + P^*$ | L | $I_A$ | 1° |
| 34 | 16h35 | 20 | $P_R$ | G | $E' + T + P^* + A^*$ | L | $I_T$ | 1° |
| 35 | 16h55 | 9 | R | B | $E' + T + A^*$ | G | $I_D$ | 3° |
| 36 | 17h04 | 22 | $P_R$ | G | $E' + T^* + P^* + 2^{A*}$ | L | $I_{A+T}$ | 3° |
|  | 17h26 |  |  |  |  |  |  |  |

**Legenda**

Para as dimensões da **Modalidade de gestão** ver a legenda da grade de distribuição dos episódios da turma dos lactentes do item 3.

**ESPAÇOS**

G = Turma dos grandes
B = Banheiro
C = Corredor
S = Salão da motricidade

**ATIVIDADES**

$P_R$ = poliatividade + recepção ou despedida
P = poliatividade
$P_D$ = poliatividade + atividade didática
T = transição
$R_L$ = rotina do lanche
$R_T$ = rotina da troca
$R_A$ = rotina do almoço
$R_D$ = rotina do descanso
Dc = atividade didática de carimbo
$D_R$ = atividade didática e de rotina
$D_{HIS}$ = atividade didática de narração
$D_{MOT}$ = atividade didática de motricidade

**PARTICIPANTES**

P = pais
E = educadores de turma
E' = educadores de outras turmas
T = crianças de toda a creche
C = crianças da turma dos grandes
A = atendente
O = crianças de outras turmas
$M_1$ = metade da turma, primeiro grupo
$M_2$ = metade da turma, segundo grupo
* = o asterisco assinala a curta permanência desses participantes no episódio
Para as dimensões da **Modalidade de agregação** ver a legenda da grade de distribuição dos episódios da turma das crianças em processo de desmame do item 4.

## *5.1. Ritmo e descontinuidade: a leitura vertical*

O dia inicia-se com uma sucessão de 8 episódios caracterizados por configurações muito semelhantes que conferem ao ritmo geral da situação de entrada na creche um andamento bastante lento e pouco distribuído, não obstante a grande disparidade entre as durações dos vários episódios. Os índices de descontinuidade são muito baixos, já que muitas concentrações caracterizam, em diferente medida, todos os marcadores desses oito primeiros episódios, que se desenvolvem todos no espaço da sala da turma. Os quatro primeiros episódios são caracterizados por poliatividade e por agregações livres; os três episódios sucessivos apresentam uma outra concentração no marcador da modalidade de agregação, que é em grupo. A partir do quarto episódio, até o nono, os participantes da cena não mudam, e a modalidade de gestão das situações é intermediária do sexto ao décimo primeiro episódio, ainda que diferentemente derivada em diversas modalidades de interação. Um ritmo suave e uma forte continuidade caracterizam o período de entrada na creche, que para alguns tem início às 7h37, mas para todos os pertencentes ao grupo conclui-se oficialmente às 9h35, justamente com o fim do oitavo episódio. Um período que se caracteriza pela informalidade das situações, no princípio de brincadeira livre das crianças e de recepção dos pais por parte das educadoras e, em seguida, de narração de uma história para o grupo de crianças no tapete e de carimbo da marca da mão das crianças em um cartaz.

Os episódios 9 e 10 são caracterizados por um momento de rotina de troca, que é efetuada no banheiro, e por uma transferência para a sala da turma que as crianças executam em grupinhos e com toda autonomia, segundo o que parece ser um plano bem conhecido pelas crianças. Os episódios 9 e 10 têm índices de descontinuidade bastante altos e constituem, por isso, uma interrupção brusca da seqüência de episódios anteriores e uma reorganização da situação, que perde o seu caráter de informalidade. Esse dado é confirmado pelo fato de que a modalidade de gestão da transição continua $I_D$, de maneira que todos os pequenos mostram-se capazes de interpretar a simples instrução verbal de ir para a classe, para realizá-la com grande competência e capacidade de antecipação, como se soubessem que a rotina que virá em seguida é justamente a rotina do lanche.

O episódio 11, a rotina do lanche, apresenta um baixo índice de descontinuidade, já que mantém uma continuidade de tipo funcional e uma configuração análoga à transição que o prepara.

O episódio 12, sucessivo à rotina do lanche, volta a apresentar um índice de descontinuidade igual a 4, que se deve à variação de todas os marcadores exceto do marcador do espaço. A atividade própria desse episódio é a chamada, que é uma atividade didática, porque é conduzida com essa intencionalidade, e ao mesmo tempo de rotina, porque presumivelmente é característica de todo dia. Segue-se um breve episódio de poliatividade, que funciona quase como um divisor de águas entre o episódio que o antecede e o episódio que o segue. O episódio 14 é uma outra atividade didática de narração de uma história que ainda se relaciona com o grupo reunido de crianças e que tem uma duração de apenas 11 minutos, já que é interrompida pela repentina entrada em cena da terceira educadora da turma, C., que começa o seu turno de trabalho. Uma concentração no marcador dos participantes contribui para que os episódios 12, 13 e 14 se assemelhem; além da concentração no marcador do espaço.

O episódio 15 apresenta um índice de descontinuidade igual a 4, já que variam todos os marcadores, exceto, como foi dito, o marcador do espaço. Esse episódio, bastante breve, tem uma configuração análoga àquela dos episódios com que o dia começa e um caráter de abertura informal semelhante. Inaugura, de fato, a entrada, na classe e no dia das crianças, da terceira educadora, C., que é recebida com grande entusiasmo pelos pequenos.

O episódio 16a tem um índice de variação pouca coisa inferior, igual a 3°, e é caracterizado por uma transição que recupera a configuração do episódio 14, própria de uma situação mais formal; trata-se de um rápido retorno à modalidades, ao clima e ao significado de um dia na creche já plenamente em suas dinâmicas educativas. Durante essa transição acontece também uma subdivisão das crianças em grupos pequenos: dois se deslocam para o salão da motricidade e para a parte do corredor utilizada como área de pintura, e o terceiro grupo continua no espaço da classe com a educadora A. para a atividade motora.

O episódio 17a, que é a atividade didática mais longa do dia, coloca-se em continuidade funcional, tendo um índice muito baixo de descontinuidade com a transição que o prepara. A atividade motora é gerida de maneira dirigida por A.

O episódio 18, visto que apresenta um índice de descontinuidade igual a 4, coloca-se como um momento de divisão entre a breve seqüência de episódios que o antecede e a que o segue. Essa divisão caracteriza todos os marcadores, exceto o da modalidade de agregação, que do episódio 16a até o episódio 20 continua em pequeno grupo. É um breve momento de transição, de saída da atividade didática, de arrumação, e de espera que se resolva um problema logístico e que retome o curso "normal" dos episódios. É também o momento em que o grupo de turma começa a voltar a se reunir. O episódio 19 apresenta um índice de descontinuidade pouco inferior ao anterior e igual a 3°. É um momento de rotina de higiene, que prepara o momento de rotina sucessivo, nesse caso, o momento da refeição. O episódio 20, um dos mais longos do dia, tem um índice de descontinuidade baixo, exatamente porque, fora o reconstituir-se do grupo completo na classe, é adequadamente preparado e antecipado, na sua configuração, pelo episódio que o antecede. Esses três episódios se assemelham por uma concentração no marcador da modalidade de gestão que, fora a variedade da modalidade de interação, continua intermediária. A modalidade de interação durante o almoço, em particular, é $I_A$.

O episódio 21, que tem uma duração de apenas 5 minutos, tem um índice de descontinuidade igual a 4. Esse episódio caracteriza-se pela informalidade da situação e pela relativa autonomia deixada às crianças, sempre em respeito à ocasião social. É um breve momento em que os pequenos são deixados livres para brincar na sala da turma, enquanto os educadores organizam-se para os episódios sucessivos. O único marcador que não sofre variações é o do espaço.

O episódio 22 também tem um índice de descontinuidade alto, igual a 4, continuando invariável em relação à seqüência anterior apenas o marcador do espaço, que é a sala da turma. Esse episódio parece recuperar o clima próprio da parte atarefada da manhã, já que propõe uma atividade didática de narração de uma história, de acordo com uma modalidade de gestão dirigida. O episódio 23 apresenta um índice de descontinuidade igual a 3 e tem a função de preparar o episódio de rotina de higiene sucessivo, que pode ser considerado o último episódio da manhã. Esses três episódios se assemelham por uma concentração no marcador dos participantes e uma na modalidade de agregação, mas as diversas atividades que os caracterizam e todos os espaços atravessados evidenciam que são episódios simplesmente contíguos e não ligados por fatores de continuidade substanciais. As concentrações nos marcadores dos participantes e da modalidade de agregação são, de qualquer maneira, sinais de uma preocupação, mais ou menos consciente, em manter o grupo reunido num momento que, no todo, caracteriza-se como passagem da rotina da refeição para a do soninho.

As transições dos episódios 25 e 26, que têm uma duração muito curta, deslizam, através de uma adequada modulação dos marcadores, lentamente e quase sem solução de continuidade no episódio do soninho da tarde que tem, de fato, um índice de descontinuidade bastante baixo. São dois episódios semelhantes que introduzem as crianças primeiramente no ambiente e depois nas modalidades de agregação e de gestão próprias do episódio de rotina; são semelhantes por duas concentrações, uma no marcador do espaço, que se estende até o episódio 28, e outra no marcador da modalidade de gestão, que permanece intermediária desde o episódio 23 durante toda a tarde. O episódio 28 tem um índice de descontinuidade igual a 3° e uma duração de 21 minutos, sinais de um despertar lento, que respeita os tempos pessoais de passagem do sono para a vigília. O episódio sucessivo é ainda uma transição, um momento de esperar que o banheiro fique livre, em que G. envolve as crianças no canto com mímicas.

Os episódios 30 e 31 apresentam um índice de descontinuidade igual a 3° e, como nos momentos análogos da manhã, o lanche sucede uma rotina de higiene. O lanche parece ser a última atividade formal do dia institucional já que, fora a contínua variação do marcador dos participantes devida à saída das crianças da creche que começa nesse momento e se prolonga até as 17h30, os índices de descontinuidade dos episódios sucessivos mostram-se muito baixos e o ritmo da situação faz-se mais suave. As concentrações apresentam-se nos marcadores da atividade, que é de poliatividade, do espaço, que é a sala da turma, da modalidade de agregação, que é livre, e da modalidade de gestão, que é intermediária, embora derivada de maneiras diferentes. Os últimos dois episódios apresentam um índice de descontinuidade igual 3°, devido à breve atividade de rotina de higiene que a educadora da tarde propõe às crianças. Essa rotina traz consigo uma variação dos marcadores do espaço, das agregações e da atividade, além da modalidade de interação. O único marcador que nessa fase final permanece invariável é o dos participantes.

Queremos mostrar que os índices de descontinuidade mais elevados estão presentes e concentrados das 9h35 às 12h19 e é esse o sinal de um ritmo oscilante, que exige dos pequenos, muito mais do que o envolvimento na atividade desenvolvida, uma capacidade de adaptação a situações específicas e fortemente diferenciadas. Uma adaptação que se realiza, na maioria das vezes, com tanta facilidade que faz suspeitar que as crianças estejam, na realidade, acostumadas com essas dinâmicas.

## 5.2. *Índices de continuidade: as concentrações*

Vamos agora tentar identificar, através da presença ou não de concentrações, o grau de descontinuidade de cada marcador. O marcador da **atividade** apresenta somente duas concentrações, ambas caracterizadas por poliatividade, que abrem e fecham o dia na creche, estendendo-se respectivamente do episódio 1 ao 4, com duração total de 63 minutos, e do 32 ao 36, com duração total de 98 minutos. No resto do dia o marcador da atividade apresenta uma variação quase coincidente com a dos episódios, a ponto de ser um fator quase sempre determinante. A atividade, com as modalidades próprias do seu desenvolvimento, parece ser o elemento que caracteriza cada episódio do dia, excluindo os episódios de entrada e saída da creche. O estudo das recorrências é que vai confirmar a importância da atividade como fator que determina o clima global das situações.

O marcador das **modalidades de gestão** apresenta três concentrações, todas caracterizadas pela modalidade intermediária. A primeira relaciona-se com os episódios de 6 a 10, que têm uma gestão do tipo $I_D$ e assinalam a entrada na parte oficial do dia, a segunda relaciona-se com os episódios 24 a 26, que têm ainda uma gestão do tipo $I_D$ e introduzem a rotina do descanso, e a terceira relaciona-se com os episódios 31 a 33, de saída da creche, que têm gestão do tipo $I_A$. Além disso, merece ser evidenciado o fato de que os episódios 23 a 36 têm todos uma modalidade de gestão intermediária, ainda que derivada de maneira variada, de modo que se mostram excluídos do espaço vespertino os outros dois tipos de modalidade de gestão. Esse dado negativo é sinal de que as modalidades de gestão dirigida e autônoma, presentes apenas na manhã, são próprias de configurações características que são desse modo, tanto por motivos intrínsecos como pelo valor que assumem no plano do dia.

O marcador dos **participantes** apresenta quatro concentrações, três das quais mínimas, que caracterizam dois momentos na manhã, antes da entrada em cena da terceira educadora, um depois do almoço e um à tarde, coincidente com os três últimos episódios do dia. O marcador dos participantes não parece, na sua articulação, indicativo de escolhas educativas específicas, mas antes o fruto de necessidades extemporâneas, que levam os educadores a se afastar de vez em quando da turma, para se ocupar de uma criança em particular ou para buscar e arrumar materiais em outros espaços da creche.

O marcador do **espaço** apresenta cinco concentrações densas, intercaladas por episódios caracterizados pela rotina de higiene no banheiro e pela transição que a prepara e a antecipa. Quatro dessas concentrações relacionam-se com o espaço de turma, que é o mais aproveitado pelo grupo da turma durante o dia e que, dependendo do momento, é um simples espaço de brincadeiras, de rotina do almoço ou de atividade didática somente para um grupo pequeno de crianças. O salão da motricidade constitui o lugar característico do soninho da tarde para o grupo da turma completo.

O marcador das **agregações** apresenta seis concentrações, três em grupo, duas agregações livres e uma em grupo pequeno. As duas concentrações de agregação livre coincidem com as duas concentrações de poliatividade no início e no final do dia. A concentração em grupo pequeno caracteriza os episódios do 16a ao 20, ou seja, o momento de atividade didática mais atarefado do dia, a rotina do almoço e os respectivos episódios que o preparam. Das três concentrações em grupo, a que se relaciona com os episódios de 5 a 7 parece ser fruto mais de uma coincidência do que de uma escolha refletida, o que não acontece para as duas outras concentrações em grupo que caracterizam o momento de passagem da rotina de almoço para a do descanso e o momento de passagem deste último para a rotina do lanche da tarde. A modalidade em grupo parece garantir, nessas ocasiões, maior controle dos educadores sobre cada criança, que precisa atravessar não somente espaços materiais diversificados, mas também lugares psicológicos significativos: a refeição, a higiene, o sono e o despertar.

## *5.3. Os padrões: a leitura horizontal*

A grade de distribuição dos episódios permite cruzar a leitura horizontal dos episódios com a vertical e individuar muitas recorrências nas configurações dos episódios. Na análise apresentada a seguir, faremos referência às porcentagens apresentadas nas tabelas C1, C2, C3 e C4, no final desse item 5.

As *transições* ocupam 10% do tempo total e são subdivididas em 9 episódios que, fora o episódio 28, não ultrapassam 7 minutos (tabela C1). As três transições para a rotina da troca no banheiro (episódios 18, 23 e 29) desenvolvem-se todas no corredor e caracterizam-se por uma modalidade de gestão da situação do tipo $I_T$, em que as educadoras propõem aos pequenos, forçados a esperar num espaço estreito, uma atividade de canção com mímicas ou de declamação de parlendas. Essa atividade, que é simplesmente proposta e não imposta pelas educadoras, constitui uma distração, que é prontamente recebida pela maior parte dos pequenos, provavelmente acostumados a essa modalidade de gestão da espera no corredor. As transições para os outros tipos de rotina, para atividades didáticas ou outras transições são sempre geridas de acordo com uma modalidade $I_D$, que é sinal de uma relativa autonomia das crianças para conduzir-se nas transferências de um espaço para outro (autonomia que parece consolidada no episódio 10: "9h52 B. manda as crianças para a sala, sentar-se nas mesas, enquanto os educadores permanecem no banheiro arrumando. (Eu as sigo). As crianças correm para a sala e sentam-se quase todas, enquanto uma delas pára perto dos brinquedos... 9h53 A. entra na sala. As crianças estão quase todas sentadas: conversam, brincam e olham a educadora"). É sinal também de que freqüentemente os educadores organizam e preparam os episódios, pedindo aos pequenos para seguir determinadas indicações, sem dar a eles explicações adequadas e exaustivas sobre o que está para acontecer, como mostram algumas manifestações de desorientação das próprias crianças (Episódio 6: "8h53 A educadora termina a história e pergunta às crianças: 'Vocês sabem o que vamos fazer agora?'. B. responde: 'Vamos arrumar!'. Gi. recomeça a chorar, abraçando o urso amarelo. An. olha para ela. As crianças levantam-se e andam sem destino pela sala... 8h54 B. arruma as mochilinhas dos que chegaram por último. Duas crianças aproximam-se de mim, de mãos dadas. A. diz em voz alta: 'Vão sentar-se nas mesas, porque vamos fazer o carimbo das mãozinhas'. Algumas crianças vão para as mesas e sentam-se tranqüilamente. A. conduz os mais lentos: 'Al., vai se sentar na tua mesa', empurrando-o em direção aos companheiros... 8h55 B. sai. Pi. ainda de pé sobre a vaquinha, comenta: 'Os monstros são maus'... 8h56 As crianças estão sentadas nas mesas"). Fora o caso do episódio 26, todas as outras transições mostram agregações em grupo ou em grupo pequeno, dependendo se o episódio seguinte é caracterizado por uma ou outra modalidade. As transições têm, geralmente, a função de preparar as crianças para a modalidade de agregação do episódio seguinte e com isso para as regras próprias do seu agrupamento social.

As atividades de rotina, que ocupam 39% do dia num total de 230 minutos, apresentam três tipos de configurações características ligadas ao tipo de atividade efetivamente desenvolvida (tabela C1). As rotinas de higiene acontecem sempre no banheiro, a modalidade de gestão da situação é intermediária e do tipo $I_D$ e a modalidade de agregação sempre em grupo, fora o caso do episódio 19, em que a turma está subdividida em dois grupos por causa da organização da atividade didática recém desenvolvida. Nas rotinas de troca, algumas crianças, já acostumadas a fazer uso das privadinhas, utilizam com toda autonomia essas estruturas, segundo seqüências de condutas aprendidas, mas ainda não consolidadas por todos. O envolvimento direto dos educadores com as crianças e o seu rodízio de cuidados de cada uma delas, durante a rotina da troca, são ainda uma exigência para a maior parte dos pequenos. O almoço e os lanches, por um lado, têm uma configuração característica e o soninho da tarde, por outro, uma outra. Todas essas rotinas são precedidas por uma atividade de higiene no banheiro, tanto que se pode considerar essa uma seqüência característica e bem conhecida pelas crianças. Os lanches e o almoço são os únicos momentos, muito mais que os de brincadeira livre na sala, caracterizados por uma modalidade de gestão da situação intermediária do tipo $I_A$. Esta última é sinal da relativa autonomia emocional e da competência motora de que as crianças parecem capazes aos olhos dos educadores, que os encorajam não apenas a realizar de maneira autônoma a tarefa da refeição, mas a gerenciar essa tarefa, sustentando ao mesmo tempo uma atividade de conversação.

A *poliatividade* é acompanhada sempre por uma modalidade de agregação livre das crianças. A poliatividade dos episódios 3, 13 e 21 é acompanhada, além disso, pela modalidade de gestão autônoma, que caracteriza apenas esses episódios no decorrer de todo o dia; todos são momentos muito breves em que os adultos, mesmo garantindo uma vigilância atenta para que as crianças não se machuquem, deixam que os pequenos se gerenciem por alguns minutos por si mesmos, para estarem livres, por sua vez, para organizar as atividades sucessivas.

Episódio 21: "12h14 C. diz para as crianças tirarem os guardanapos. A medida que os três educadores tiram os guardanapos deles, os pequenos levantam-se e correm pela sala para brincar livremente. Aumenta progressivamente a confusão. A. sai para arrumar as caminhas na outra sala... 12h15 B. senta-se no sofá e controla a situação em silêncio... 12h16 C. recolhe os pratos que ficaram e sai com o carrinho. 12h17 An. demora-se perto das mesas; B. a vê e lhe diz para sair e ir brincar com os outros. Va. tenta colocar o avental, mas não consegue amarrá-lo; duas crianças brigam por causa de um carrinho. Gi. abraça o urso amarelo e passeia pela sala".

Outros dois momentos de poliatividade, que têm uma modalidade de gestão da situação do tipo $I_A$, têm função análoga de intervalo ou pretexto organizacional; trata-se dos episódios 8 e 15.

Episódio 8: "9h20 A. estimula as crianças a irem brincar; todos se levantam e correm para os brinquedos... 9h21 Muitas crianças sobem na estrutura, um brinca com um lenço de seda, usando-o como uma capa; uma criança se olha no espelho com ar absorto e alguém está no cantinho da cozinha... 9h22 Duas crianças na casinha-cozinha aproximam-se de uma colega que, procurando evitá-las, caminha para trás em um canto e se agacha; uma das crianças, com muita calma, lhe dá um soco e vai embora... 9h23 A., ainda sentada na mesa, olha as mãozinhas carimbadas... B. andando pela sala, controla as crianças e, de vez em quando, chama a atenção de alguém... 9h24 Um menino e uma menina dão-se as mãos e correm pela sala; B. os repreende: 'Devagar, devagar'... 9h26 B. recomeça a andar entre as crianças, pega uma cesta cheia de alimentos de plástico e a coloca no centro da sala... 9h27 Cinco crianças sentam-se ao redor da cesta de comida de plástico... 9h30 Mi. sobe novamente no escorregador; B. grita com ele, dizendo-lhe que é perigoso... 9h32 A. arruma o cartaz no armário, dizendo a B. que as crianças são em 20 ao todo e pedindo-lhe para verificar quem falta".

As poliatividades restantes da manhã estão concentradas nos episódios que abrem o dia e são todas acompanhadas por uma modalidade de gestão da situação intermediária do tipo $I_A$; enquanto as da tarde, todas concentradas nos últimos episódios do dia, são caracterizadas por uma modalidade de gestão da situação intermediária, tanto do tipo $I_A$ como do tipo $I_T$. O maior empenho vespertino das educadoras em promover e entrar na brincadeira livre das crianças pode ser devido a uma série de fatores, como o número reduzido e em progressiva diminuição dos próprios pequenos, que envolve menos as educadoras na manutenção de um controle difuso em todo o grupo e as torna, por isso, mais disponíveis para uma interação pessoal e espontânea com as crianças. Uma diversidade no estilo dessas educadoras em relação às educadoras da manhã também pode ser causa conjunta dessa diferença. A utilização da poliatividade, maciçamente presente no início e no fim do dia ou espalhada pela manhã, como breve *intermezzo* funcional para a organização de atividades pensadas como verdadeiros momentos de formação, nos diz que, por escolha educativa ou por dificuldades organizacionais, a brincadeira livre das crianças não é entendida como oportunidade educativa, de troca em pé de igualdade entre adultos e crianças e de reproposição das atividades e dos interesses espontâneos dos pequenos. A brincadeira livre é, para os educadores, uma atividade relegada a momentos "mortos" do ponto de vista da programação educativa. A brincadeira livre, com o seu significado socializante, resume-se numa questão relacionada com a população dos pequenos, para a qual os educadores limitam-se a encaminhá-los e encorajá-los de maneira intermitente.

A análise da configuração dos episódios caracterizados pela *atividade didática*, que ocupa 19,7% do tempo total, e da sua disposição no dia-a-dia confirma as considerações que acabamos de apresentar (tabela C1). A atividade de carimbo, que caracteriza o episódio 7, é um evento totalmente alheio aos hábitos escolares da creche, porque está ligado à ocasião extraordinária do casamento de uma das educadoras, em razão do qual os colegas decidiram realizar esse trabalho. Além da configuração particular que caracteriza esse episódio, pode-se dizer que todas as atividades didáticas do dia são caracterizadas por uma *modalidade de gestão dirigida* da situação e, vice-versa, que a modalidade de gestão dirigida caracteriza apenas as atividades didáticas. As atividades dos episódios 5, 12, 14 e 22 envolvem o grupo de crianças reunido, enquanto a atividade mais longa, que é a da motricidade, no episódio 17a, envolve apenas o grupinho de pequenos que ficaram no espaço da sala da turma junto com a educadora A. As atividades didáticas, embora aproximadas e concentradas todas no período da manhã, são sempre intercaladas por um breve momento de transição, de poliatividade ou por ambos; essas divisões, justamente por sua brevidade, parecem sobretudo permitir que os educadores organizem o grupo da turma ou os materiais necessários para as atividades sucessivas. As atividades didáticas ocupam quase 36,6% da manhã, mas estão completamente ausentes da tarde (tabela C1). Esse conjunto de considerações, unidas às diversas regras situacionais explicitadas nessas ocasiões, leva a pensar que as narrações de historinhas, a chamada, a motricidade ou a pintura são momentos formadores pensados e programados como tais e fortemente imbuídos de intencionalidades e expectativas pedagógicas dos educadores, que dirigem de modo explícito a atenção ou a ação de todas as crianças, quase como se conseguissem mais facilmente controlar a aprendizagem e o grau de adesão delas às próprias propostas educativas. A tarefa exigida das crianças parece ser, por um lado, a de respeitar numerosas regras situacionais de compromisso e, por outro, a de se mostrar bons executores das indicações dadas, sejam elas exercícios físicos, dramatização de uma história, identificação dos companheiros nomeados durante a chamada.

Episódio 17a: "10h45 A educadora diz 'Olhem bem para Al., que agora mostra para vocês o percurso'. Al. olha atentamente os objetos no percurso... 10h46 A. continua: 'Al. vai. Dentro do túnel... dentro do cubo amarelo... pegar o triciclo e fazer a volta em torno... estaciona o triciclo...'; enquanto Al. executa, com precisão, as várias passagens que a educadora lhe indica. O menino volta, enfim, para o tapete. As outras crianças batem com os pés impacientes e A. precisa dizer às crianças que esperem serem chamadas por ela para sair... 10h47 A. diz 'Agora é a vez do Em. tentar'; o menino, cheio de entusiasmo, sai; a educadora recomeça: 'A Co. também sai'; a menina também começa o percurso, enquanto Em. demora-se um pouco na escolha do triciclo e a educadora o encoraja... 10h48 A. acompanha atentamente o percurso das crianças e chama a atenção de Co. que, em vez de passar pelo cubo amarelo, contorna-o... 10h50 A educadora apóia as crianças no seu exercício com contínuos estímulos... 10h51 A. tem dificuldade de fazer com que An. faça a volta, porque ela, além de muito lenta, executa mal as passagens. Por isso a educadora intervém fisicamente aproximando-se da garota e encaminhando-a não só com a voz, mas elevando-a e deslocando-a no percurso... 10h53 A. chama a atenção de An. porque pulou o exercício do cubo amarelo, contornando-o. A menina vai prosseguir, mas a educadora lhe diz para voltar atrás e fazer direito a passagem... 10h54 An. sobe com dificuldade no triciclo e começa a fazer a volta no sentido errado, seguida por Va. A educadora chama a atenção delas. Va. recomeça a volta no sentido certo... 10h55 A. chama a atenção de Re, que pulou a passagem do cubo amarelo; a menina volta para trás e repete o exercício... 10h58 A. chama a atenção de Va., porque ela também começou a fazer a volta ao contrário. A menina retoma a volta no sentido certo...".

A **modalidade de gestão das situações** é dirigida, apenas no caso das atividades didáticas, e autônoma, apenas no caso de alguns episódios muito curtos de brincadeira livre das crianças na sala da turma. A modalidade dirigida ocupa 15,6% do tempo e a autônoma 2% (tabela C4). A modalidade $I_A$, que ocupa 33% do tempo e um total de 9,5 episódios, caracteriza as rotinas das refeições e a maior parte dos momentos de brincadeira livre na sala da turma (tabela C4). A modalidade $I_T$, que ocupa 9% do tempo e um total de 5 episódios, caracteriza, de manhã, apenas momentos de transição e, à tarde, transições e poliatividade. A modalidade $I_D$, que ocupa aproximadamente 21% do tempo e um total de 12,5 episódios, caracteriza a atividade didática de carimbo, a maior parte das transições e os momentos de troca no banheiro (tabela C4).

## *Tabelas de análise dos dados*

### Tipo de atividade

| C1 | Manhã | | | Tarde | | | Total | | |
|---|---|---|---|---|---|---|---|---|---|
| | Minutos | % | n. episódios | Minutos | % | n. episódios | Minutos | % | n. episódios |
| P | 95 | 30 | 8 | 89 | 32,7 | 4 | 184 | 31,2 | 12 |
| R | 80 | 25,2 | 5 | 150 | 55,1 | 4 | 230 | 39 | 9 |
| D | 116 | 36,6 | 6 | 0 | 0 | 0 | 116 | 19,7 | 6 |
| T | 26 | 8,2 | 5 | 33 | 12,1 | 4 | 59 | 10 | 9 |
| Total | 317 | 100 | 24 | 272 | 100 | 12 | 589 | 100 | 36 |

### Espaços

| C2 | Manhã | | | Tarde | | | Total | | |
|---|---|---|---|---|---|---|---|---|---|
| | Minutos | % | n. episódios | Minutos | % | n. episódios | Minutos | % | n. episódios |
| G | 273 | 86,1 | 19 | 105 | 38,6 | 5 | 378 | 64,2 | 24 |
| B | 32 | 10,1 | 3 | 19 | 7 | 2 | 51 | 8,7 | 5 |
| C | 12 | 3,8 | 2 | 6 | 2,2 | 1 | 18 | 3,1 | 3 |
| S | 0 | 0 | 0 | 142 | 52,2 | 4 | 142 | 24,1 | 4 |
| Total | 317 | 100 | 24 | 272 | 100 | 12 | 589 | 100 | 36 |

### Modalidade de agregação

| C3 | Manhã | | | Tarde | | | Total | | |
|---|---|---|---|---|---|---|---|---|---|
| | Minutos | % | n. episódios | Minutos | % | n. episódios | Minutos | % | n. episódios |
| L | 95 | 30 | 8 | 207 | 76,1 | 6 | 302 | 51,3 | 14 |
| G | 113 | 35,6 | 9 | 49 | 18 | 5 | 162 | 27,5 | 14 |
| PG | 109 | 34,4 | 7 | 16 | 5,9 | 1 | 125 | 21,2 | 8 |
| Total | 317 | 100 | 24 | 272 | 100 | 12 | 589 | 100 | 36 |

### Modalidade de gestão

| C4 | Manhã | | | Tarde | | | Total | | |
|---|---|---|---|---|---|---|---|---|---|
| | Minutos | % | n. episódios | Minutos | % | n. episódios | Minutos | % | n. episódios |
| D | 92 | 29 | 5 | 0 | 0 | 0 | 92 | 15,6 | 5 |
| $I_D$ | 76 | 24 | 7,5 | 46 | 16,9 | 5 | 122 | 20,7 | 12,5 |
| $I_T$ | 12 | 3,8 | 2 | 39 | 14,3 | 3 | 51 | 8,7 | 5 |
| $I_A$ | 125 | 39,4 | 6,5 | 72 | 26,5 | 3 | 197 | 33,4 | 9,5 |
| $I_?$ | 0 | 0 | 0 | 115 | 42,3 | 1 | 115 | 19,5 | 1 |
| A | 12 | 3,8 | 3 | 0 | 0 | 0 | 12 | 2 | 3 |
| Total | 317 | 100 | 24 | 272 | 100 | 12 | 589 | 100 | 36 |

## 6. Tempos institucionais, tempos formativos: a comparação entre os padrões das três turmas

A análise e o comentário dos três dias da creche examinada permitiram evidenciar aspectos significativos da organização temporal de cada uma delas. É possível, *agora*, tentar uma comparação entre esses elementos, procurando identificar, através de analogias e diferenças, as diretrizes de uma intencionalidade educativa comum a todos os educadores e voltada para uma certa idéia de criança. O que interessa esclarecer não é tanto o êxito de um percurso educativo, do qual foram coletados, através dos dias observados, apenas alguns breves excertos, mas a dinâmica peculiar de alguns de seus traços macroscópicos.

Os três dias apresentam um esquema comum e provavelmente cotidianamente reiterado, que se articula a partir da poliatividade com que se abre o dia na turma dos grandes e se conclui com um período de tempo análogo dedicado à brincadeira livre nos episódios de fechamento do dia. Essas situações configuram-se como momentos informais nos quais os educadores deixam os grandes e os do meio livres para gerirem um longo período de brincadeira de maneira autônoma, enquanto para os lactentes, desorientados pela presença de crianças maiores e colocados num espaço pouco conhecido, os adultos presentes fornecem um apoio emocional e físico contínuo. Essas situações emolduram a parte que, juntamente com o lanche na turma dos lactentes, com as rotinas da chamada e do lanche na turma das crianças em processo de desmame e com a rotina de higiene no banheiro na turma dos grandes, pode ser definida como a parte mais estruturada do dia na creche. A moldura parece ser, para todos os educadores, um tempo de simples atendimento, dedicado à recepção, das 7h30 às 9h30, ou à despedida, das 15h45 às 17h30, à espera da chegada ou da saída de todas as crianças da creche.

O esquema fixo do dia, delimitado por essa moldura, articula-se através de três episódios de rotina: o lanche, o almoço e o soninho da tarde. Esses episódios estruturadores, comuns nas três turmas, por sua vez, articulam-se da seguinte maneira: o primeiro, em episódios de rotina de troca, de lanche e de chamada; o segundo em episódios de rotina de higiene das mãos e de rotina do almoço; o terceiro em episódios de rotina da troca, do descanso e nas transições da vigília para o sono e vice-versa. Esses episódios, dispostos diferentemente nas três turmas por motivos de rodízio no banheiro, são, porém, contíguos ou intercalados por transições de espera para que o espaço do banheiro, momentaneamente ocupado pelos colegas, seja desocupado.

As articulações desse esquema determinam o ritmo do "tempo institucional", dentro do qual se enxertam, de maneira diferente para cada dia, os ritmos de cada percurso formativo.

Um outro elemento de analogia entre os três dias é a discreta disparidade entre o tipo de situações que caracterizam a manhã e as que caracterizam a tarde, não só porque da segunda faltam as atividades didáticas (ver tabelas A1, B1 e C1), mas também porque a modalidade de gestão apresenta uma configuração díspar (ver tabelas A4, B4 e C4), caracterizada por uma intervenção dos educadores na atividade infantil mais destacada de manhã do que à tarde.

É possível observar também importantes diferenças no ritmo dos três dias confrontando os dados relativos às concentrações. Os lactentes passam 86% do dia, sem solução de continuidade, no espaço da sala da turma, enquanto tanto os grandes como os do meio saem periodicamente desse espaço para ir ao banheiro ou ao salão da motricidade. Além disso, os do meio atravessam os espaços alternativos ao da sala da turma geralmente em agregações de grupos pequenos. Isso talvez seja sinal, em primeiro lugar da preocupação dos educadores dos lactentes em garantir aos pequenos a permanência em um espaço "familiar", porque é tranqüilo, muito conhecido e longamente explorado, e em segundo lugar, do cuidado dos educadores das crianças do meio em reduzir o número de interlocutores para exercer um maior controle sobre o grupinho no momento em que, deslocando-se em espaços comuns, as crianças mostram-se um pouco irrequietas. Essas preocupações desaparecem no dia dos grandes, que já são autônomos para se deslocar, mesmo individualmente, de um espaço para outro e mostram, com comportamentos antecipadores, saber bem o que acontecerá depois de um momento de espera no corredor ou de uma rotina de higiene ou de troca no banheiro.

Essas suposições são confirmadas pela comparação dos padrões das transições de um espaço para outro, que são característicos para cada turma; se, por um lado, as educadoras dos lactentes gerenciam os dois únicos momentos desse tipo de maneira dirigida e os educadores das crianças do meio em geral o fazem com uma interação do tipo $I_D$, por outro, os educadores dos grandes alternam, de acordo com o estilo que é próprio a cada um deles, uma gestão do tipo $I_T$ com uma do tipo $I_D$. A modalidade de agregação que caracteriza essas transições é, para os lactentes, em duplas, para os do meio, geralmente em grupo pequeno, e para os grandes, alternadamente em grupo ou em grupo pequeno, dependendo da modalidade de agregação com que se desenvolvem as atividades contíguas à transição. O que as educadoras dos lactentes realizam, na situação em dupla através de uma manipulação dirigida do corpo da criança, e para cada criança, é um espaço de transição que facilita a transferência física e emocional de um lugar para outro. Os educadores das crianças do meio exercem um controle cuidadoso sobre as crianças subdividindo-as em grupos pequenos e intervindo de maneira dirigida com alguns deles, já que é difícil gerir um grupo de interlocutores tão irrequietos e freqüentemente lentos para compreender as instruções. Para os educadores dos grandes, ao contrário, é suficiente em certos casos dar uma instrução verbal para que as crianças realizem sozinhas as transferências de um espaço para outro. Os momentos de espera, que podem ser realizados com o grupo completo para que as crianças mantenham um certo autocontrole, só algumas vezes levam os educadores a propor cantos com mímicas para tornar esse momento menos aborrecido.

É possível identificar, portanto, tanto na modalidade de gestão como na modalidade social de desenvolvimento das transições de um espaço para outro, um andamento crescente que testemunha a menor exigência dos adultos para controlar e dirigir o grupo de crianças, cada vez mais conscientes e autônomas ao executar as seqüências de ações previsíveis e habituais. O *continuum* dimensional nos marcadores da gestão e da modalidade de agregação é o traço macroscópico de uma dinâmica de interiorização de esquemas comportamentais e de rituais institucionais por parte de crianças muito pequenas.

Mais um comentário importante deve ser feito em relação às concentrações e ao ritmo dos três dias. O marcador que apresenta maior índice de descontinuidade no dia dos lactentes é o marcador da modalidade de gestão porque, como também tivemos oportunidade de observar na análise dos padrões recorrentes das atividades, o que parece acontecer na turma dos lactentes é um fluir ininterrupto de um "tempo próprio de brincadeira", do qual cada um é afastado de tempos em tempos para as incumbências institucionais do cuidado com a criança. Essas exigências institucionais se encaixam na programação diária, da qual apenas os educadores têm consciência, porque, enquanto eles trocam, ajudam a comer, fazem dormir uma só criança de cada vez, o resto do grupo fica envolvido nos próprios interesses. A poliatividade e as agregações livres são quase a norma na turma dos lactentes, não apenas porque ocupam 41% do tempo, mas muito mais porque continuam efetivamente estáveis para o grupo dos pequenos durante as rotinas, quando as educadoras se ocupam de uma criança de cada vez, deixando as outras livres para brincar. A modalidade de gestão varia também dentro de longas seqüências de poliatividade, já que as educadoras modulam a própria intervenção na brincadeira infantil, propondo-se de maneira alternativa como companheiras de brincadeira, como *tutor*, como simples referências emocionais; essa modalidade de intervenção parece destinada principalmente à realização de aprendizagens sociais.

Na turma dos grandes, ao contrário, o marcador que apresenta o maior índice de descontinuidade é a atividade, que parece ser o elemento que caracteriza os outros marcadores: as atividades didáticas são geridas somente de maneira dirigida, as poliatividades somente de maneira autônoma e $I_A$, as rotinas da refeição só de modo $I_A$ e as da troca somente de modo $I_D$. A atividade da manhã é salpicada pelas atividades didáticas, brevemente intercaladas por poliatividades em que os educadores estão quase sempre empenhados em preparar a atividade sucessiva sem nunca participar das brincadeiras das crianças. Dessas atividades participa o grupo todo das crianças, que são convidadas a voltar a própria atenção ao que os educadores têm a lhes dizer e, se as atividades pressupõem um empenho individual de cada criança, o resto do grupo é convidado a manter a atenção voltada para o desempenho dos colegas. As atividades didáticas dos grandes são claramente voltadas para a realização de aprendizagens cognitivas e motoras, enquanto o aspecto social da situação parece ser uma questão que se relaciona apenas com a população dos pequenos e, de maneira marginal, com os educadores, que intervêm somente nos casos, quase sempre esporádicos, de conflito ou de incidente. No dia dos lactentes situações em grupo estão completamente ausentes porque seria impossível pedir às crianças para manter a própria atenção em um foco comum de interesse, enquanto no dia dos grandes as situações em grupo são a norma, principalmente durante as atividades didáticas, porque todos precisam realizar as aprendizagens que essas atividades veiculam e, ao mesmo tempo, adquirir capacidade de conduzir voluntariamente a própria atenção. No dia das crianças do meio, tanto na atividade didática como nas de brincadeira livre os educadores, como fazem os seus colegas da turma dos lactentes, modulam a própria intervenção na atividade infantil. Além disso, já que os educadores das crianças do meio exigem que as crianças mantenham um foco comum de interesse em apenas três ocasiões, realizando uma agregação em grupo, pode-se considerar o que acontece na turma das crianças do meio como um meio-termo entre o que acontece na turma dos lactentes e o que caracteriza a turma dos grandes.

Todas as considerações feitas acima parecem indicar e confirmar continuamente que o plano geral do dia de cada turma, mesmo na diversidade de conteúdos educativos, compreende uma idéia de criança e de processo educativo compartilhada pelos educadores dessa creche, idéia que varia segundo modalidades específicas para cada turma, mas dentro de uma intencionalidade educativa com um fim. Se o tempo na turma dos lactentes é o da brincadeira, pontilhado por intervenções de um diretor que propõe, quase sempre às crianças sozinhas, prazos institucionais, a organização temporal na turma dos grandes já se configura como uma realidade social estruturada. A organização temporal na turma das crianças em processo de desmame parece ser um meio-termo entre a da turma dos lactentes e a da turma dos grandes, já que apresenta padrões estratégica e significativamente semelhantes a ambas.

A organização temporal na creche confirma a hipótese, na qual se baseia a elaboração do instrumento de análise do dia, da existência de uma "pedagogia latente" que se concretiza na estratégia adulta de estruturação da experiência infantil na creche através da definição de rituais; rituais que, na turma dos lactentes, são reconhecidos pelas crianças em relação aos momentos tópicos das refeições, do soninho e da separação/reunião com os pais, na turma das crianças em processo de desmame, caracterizam principalmente os momentos de rotina e transição de um espaço para outro e que, na turma dos grandes, regulam, pelo menos na modalidade de execução, todas as atividades infantis, exceto a da brincadeira livre, cujo território não cultivado é deixado quase sempre à iniciativa espontânea das crianças.

O ambiente da creche parece configurar-se, portanto, como "lugar" de transição, área intermediária entre a casa e o mundo externo. Aqui os ritmos individuais são lentamente, durante os três anos, regulados pelos educadores e distribuídos de acordo com ritmos cada vez mais heterônimos e sociais; o **modo** em que isso acontece substancia as primeiras interações, o mundo das relações sociais infantis e a experiência da realidade no profundo da vivência pessoal.

## Textos citados

BELLONI, M. C. (org.). *L'aporia del tempo*. Turim, Angeli, 1986.

______. *Tempo, spazio, attori sociali*. Turim, Angeli, 1989.

BONDIOLI, A. "Il nido come teatro: scene, attori, episodi". In: TREVISAN, L. (org.). *Un nido per crescere: strategie per la qualità*, Bergamo, Edizioni Junior, 1996.

______. "Riflettere sulla giornata scolastica: uno strumento e un percorso di valutazione formativa". In: BONDIOLI, A. & FERRARI, M. (orgs.). *Manuale di valutazione del contesto educativo*, Milão, Angeli, 2000.

BONDIOLI, A.; FERRARI, M. & GARIBOLDI, A. "La giornata educativa: elementi di analisi". In: BECCHI, E. (org.). *Manuale della scuola del bambino dai 3 ai 6 anni*. Milão, Angeli, 1995.

GASPARINI, G. "Tempo come vincolo e come opportunità". In: BELLONI, C. M. (org.). *Tempo, spazio, attori sociali*. Turim, Angeli, 1989.

INSEGNAMENTI PEDAGOGICI DEL DIPARTIMENTO DI FILOSOFIA DELL'UNIVERSITÀ DI PAVIA (org.). *La giornata educativa nella scuola dell'infanzia*. Bergamo, Edizioni Junior, 1993.

SCHAFFER, H. R. *Maternità*. Roma, Armando, 1980 (ed. orig. 1977).

______. *Il bambino e i suoi partner*. Milão, Angeli, 1990 (ed. orig. 1984).

# Capítulo 4

# OS TEMPOS COTIDIANOS NA PRÉ-ESCOLA: as formas da sociabilidade

*Antonio Gariboldi*

A organização do tempo cotidiano na pré-escola é geralmente pensada em relação à duração total das atividades de rotina, das atividades didático-educativas e das situações de brincadeira livre. A articulação temporal do dia-a-dia educativo é freqüentemente entendida, sobretudo em relação ao equilíbrio entre os três diferentes tipos de situações: as rotinas não deveriam ocupar a maior parte do dia, as atividades educativas deveriam garantir uma variedade de experiências cotidianas, o dia não deveria ser tão rigidamente estruturado a ponto de não deixar espaço para os interesses individuais ou então, ao contrário, o dia não deveria ser tão desprovido de planejamento educativo a ponto de ser essencialmente caracterizado como uma longa situação de brincadeira livre de tipo recreativo[1].

1. Ver, por exemplo, o que foi escrito com relação à organização do dia-a-dia (em particular no item 26, Organização do dia-a-dia, e no item 29, Brincadeira livre) de acordo com a SOVASI (Harms & Clifford, 1980, trad. e adaptação italiana, 1994), um instrumento de avaliação da qualidade do ambiente educativo.

Em segundo lugar, pensa-se freqüentemente na organização do tempo cotidiano em relação à duração das atividades didático-educativas específicas. Nessa perspectiva, acredita-se que existe um tempo "certo" da atividade e que esse tempo deve ser estabelecido em concordância com os tempos de atenção e de concentração das crianças. Pensa-se, portanto, na diminuição do envolvimento e da participação das crianças na atividade — os tempos de envolvimento das crianças — principalmente em relação à duração de uma determinada proposta educativa. Concentrando-se na duração temporal e nos conteúdos das atividades, perde-se de vista, porém, como os tempos de envolvimento do grupo e de cada criança estão freqüentemente relacionados às características gerais do contexto de atividade, isto é, às modalidades de organização das situações. Os tempos educativos são então discutidos e definidos não em relação à fisionomia organizacional das situações e ao seu suceder-se cotidiano, mas em relação à alternância de atividades mais ou menos envolventes para as crianças (o momento da brincadeira livre entendido como recreativo, que deve ser inserido como pausa entre as atividades) e à variação dos conteúdos da atividade (variar o tipo de atividade para garantir o interesse das crianças).

A aplicação da grade de observação e análise do dia-a-dia educativo pode, ao contrário, ajudar a focalizar a atenção em alguns aspectos contextuais das situações de atividade, de modo a evidenciar como as modalidades de organização das atividades contribuem para definir, de modo relevante, a experiência que as crianças têm na escola. Em particular, as modalidades de organização social das atividades que se caracterizam em função dos participantes nas diversas situações (composição e tamanho dos grupos), das formas de agrupamentos (atividade individual, em grupo etc.) e das modalidades de gestão (atividades mais ou menos guiadas pelo adulto) contribuem para determinar a fisionomia do contexto de atividade. Analisar essas modalidades sociais da proposta educativa significa examinar o dia-a-dia escolar do ponto de vista da experiência social vivida diariamente pelas crianças, ou seja, indagar como é realizada aquela ação de socialização que constitui uma finalidade importante da pré-escola.

Escolhemos, nesse caso, analisar o dia educativo de uma pré-escola estatal de três turmas organizadas de acordo com o módulo da turma mista por idade. Essa escola tem uma peculiaridade organizacional, pois trabalha com o modelo da turma "aberta": atividades de uma turma e atividades de intersecção de turmas se alternam durante o dia, da mesma maneira que diferentes professores se alternam na regência de diferentes grupos. O motivo pelo qual escolhemos examinar, como exemplo de análise, um dia escolar embasado no modelo da turma "aberta" está ligado ao fato de que, nas Novas Orientações, esse modelo organizacional é proposto como ideal: "A turma aberta permite, além disso, superar a estéril contraposição de turmas mistas — turmas homogêneas por idade, uma vez que reduz os inconvenientes e acrescenta as possíveis vantagens de cada um dos dois módulos".[2]

A observação focalizou uma só turma para depois acompanhar, nos momentos de intersecção, as crianças de 4 anos. O que relatamos representa, portanto, o dia-a-dia educativo vivido pelas crianças de 4 anos pertencentes a uma determinada turma.

O dia-a-dia educativo observado (o período de observação compreende desde o momento de entrada da maior parte das crianças até o momento de saída da maioria das crianças) é de particular interesse quanto à variável "participantes".[3] A organização por turma aberta caracteriza-se, de fato, por uma extrema variabilidade cotidiana na composição dos grupos. Como é possível notar na Tabela 1 (situações da manhã) e na Tabela 2 (situações da tarde), no período de tempo observado, alternamse situações de grupo escola, grupo turma, grupo intersecção das crianças de 4 anos, subgrupo intersecção, subgrupo intersecção das crianças de 4 e 5 anos, subgrupo intersecção das crianças de 4 anos. Quatro tipos de grupos sucedem-se durante cerca de 4 horas e meia do período da manhã (das 9h00 às 13h20) e cinco tipos de grupos durante cerca de duas horas e meia do período da tarde (das 13h20 às 15h43). Se, portanto, focalizarmos a análise do dia-a-dia não nos tempos divididos pelas mudanças de atividades, e sim nos tempos definidos pela recombinação

2. *Nuovi orientamenti dell'attività educativa nelle scuole materne statali*. Brescia, Editrice La Scuola, 1991, p. 61. Traduzido no *Caderno Cedes* n.º 37, 1995.

3. A variável "participantes" foi codificada do seguinte modo: escola = grupo da escola, turma = grupo turma; 4 anos = grupo de intersecção das crianças de 4 anos; misto = subgrupo intersecção; metade 4 e 5 anos = subgrupo intersecção das crianças de 4 e 5 anos; 4 anos = subgrupo intersecção das crianças de 4 anos; pr1, pr2, pr3 = professora; prO = outra(s) professora(s); a = assistente; p = pais; cn = criança com necessidades especiais. O símbolo * foi utilizado para assinalar os casos em que alguns participantes entram e saem da situação.

dos grupos, pode-se evidenciar qual é o tipo de experiência social proposta diariamente às crianças. O grupo turma configura-se apenas teoricamente como grupo de referência: são, de fato, apenas 9 situações num total de 29 situações cotidianas em que a atividade é desenvolvida com o grupo turma. A incidência temporal dessa forma de agrupamento é muito limitada, visto que essas situações duram no total cerca de uma hora e meia. São depois subdivididas entre manhã e tarde e, portanto, não se caracterizam nem mesmo como um intervalo de tempo prolongado num momento específico do dia. Se levarmos em consideração a variável 'espaço', podemos também notar que as situações que se verificam na sala são apenas 7; nem mesmo o espaço constitui para as crianças a referência de uma certa estabilidade. Uma referência maior é dada pela presença das professoras, visto que duas delas, juntas ou separadamente, acompanham as crianças durante quase todo o dia. É preciso notar, porém, que duas situações da tarde são geridas por uma terceira professora e uma outra situação, também à tarde, por uma quarta professora. Além disso, deve-se acrescentar que a observação acompanhou o dia das crianças de 4 anos pertencentes a uma turma específica, de idade heterogênea. Uma professora dessa turma é a mesma que depois regeu o grupo intersecção das crianças de 4 anos, portanto, as crianças de 4 anos das duas outras turmas desenvolveram algumas atividades sob regência de uma outra professora. Tomando como unidade de referência para a observação uma turma diferente, haveria então maior instabilidade também no que diz respeito aos adultos participantes das várias situações.

Pode-se fazer uma outra consideração quanto à variável 'participantes' referindo-se ao tamanho dos grupos. Durante todo o dia, os grupos de que se ocuparam as professoras foram sempre numericamente consistentes (sempre superiores a 15 crianças), exceto no caso da situação 28 em que as crianças de 4 anos que não foram descansar desenvolveram uma atividade em subgrupo. O dia-a-dia parece, portanto, caracterizado quase inteiramente por formas de socialização ampliada: o trabalho por subgrupos, ou seja, grupos realmente reduzidos do ponto de vista numérico, é praticamente inexistente e isso se deve não só a obrigações em relação à presença conjunta das professoras, mas também às escolhas de caráter organizacional.

*Tabela 1*

| N | HORA | MIN. | ATIVIDADE | ESPAÇO | PARTICIPANTES | AGRUPAMENTOS | GESTÃO |
|---|---|---|---|---|---|---|---|
| 1 | 9h00 | 5 | Poliatividade | Sala da turma azul | Escola/pr1/prO/cn/p* | Livres agregações | Autônoma |
| 2 | 9h05 | 5 | Conversa/espera | Salão | Escola/pr1/prO | Grupo | Dirigida |
| 3 | 9h10 | 10 | Entrada b ônibus/conversa | Salão | Escola/pr1/prO | Grupo | Dirigida |
| 4 | 9h20 | 18 | Poliatividade | Sala da turma | Turma/pr1/p* | Agregações livres | Autônoma |
| 5 | 9h38 | 4 | Chamada/poliatividade | Sala da turma | Turma/pr1 | Indiv.+ agreg. livres | Dir.+aut. |
| 6 | 9h42 | 23 | Poliatividade | Sala da turma | Turma/pr1 | Agregações livres | Autônoma |
| 7 | 10h05 | 5 | Arrumação | Sala da turma | Turma/pr1 | Grupo | Intermediária |
| 8 | 10h10 | 5 | Hig. Pessoal/copo d'água | Banheiro+ Refeitório | Turma/pr1 | Agregações livres | Intermediária |
| 9 | 10h15 | 26 | Canto/jogo com regras | Salão | Escola/pr1/prO/cn | Grupo | Dirigida |
| 10 | 10h41 | 8 | Conversação | Sala da turma azul | 4 anos/pr1 | Grupo | Dirigida |
| 11 | 10h49 | 7 | Psicomotricidade | Salão | 4 anos/pr1 | Grupo | Dirigida |
| 12 | 10h56 | 7 | Conversação | Salão | 4 anos/pr1/prO/cn* | Grupo | Dirigida |
| 13 | 11h03 | 18 | Psicomotricidade | Salão | 4 anos/pr1/pr2 | Grupo | Dirigida |
| 14 | 11h21 | 9 | Conversação/preparação | Sala da turma azul | 4 anos/pr1/pr2 | Grupo | Dirigida |
| 15 | 11h30 | 22 | Fichas | Sala da turma azul | 4 anos/pr1/pr2 | Individual | Dirigida |
| 16 | 11h52 | 8 | Poliatividade | Jardim | Escola/pr1/pr2/prO | Agregações livres | Autônoma |
| 17 | 12h00 | 5 | Higiene pessoal | Banheiro | Turma/pr2 | Agregações livres | Intermediária |
| 18 | 12h05 | 5 | Canto/movimento | Salão | Turma/pr1/pr2/p* | Grupo | Dirigida |
| 19 | 12h10 | 70 | Almoço | Refeitório | Escola/pr1/pr2/prO/a* | Pequenos grupos | Intermediária |

*Tabela 2*

| N | HORA | MIN. | ATIVIDADE | ESPAÇO | PARTICIPANTES | AGRUPAMENTOS | GESTÃO |
|---|---|---|---|---|---|---|---|
| 20a | 13h20 | 22 | Desenho | Sala da turma | Misto/I2 | Individual | Dirigida |
| 20b | 13h20 | 22 | Poliatividade | Salão | Misto I1/IA* | Agregações livres | Autônoma |
| 21 | 13h42 | 18 | Poliatividade | Sala da turma | Turma/I3 | Agregações livres | Autônoma |
| 22 | 14h00 | 5 | Arrumação | Sala da turma | Turma/I3/IA* | Grupo | Intermediária |
| 23 | 14h05 | 8 | Conversação | Salão | Escola/I2/IA* | Grupo | Intermediária |
| 24 | 14h13 | 3 | Jogo com regras | Salão | Metade 4 e 5 anos/I2 | Grupo | Dirigida |
| 25 | 14h16 | 7 | Higiene pessoal | Banheiro | Metade 4 e 5 anos/I2 | Agregações livres | Intermediária |
| 26 | 14h23 | 11 | História | Sala da turma amarela | Metade 4 e 5 anos/I2/IA | Grupo | Dirigida |
| 27 | 14h34 | 13 | Desenho/resumos | Sala da turma amarela | Metade 4 e 5 anos/I2/IA | Individual | Dirigida |
| 28 | 14h47 | 42 | Materiais didáticos | Refeitório | 4 anos/IA | Individual | Dirigida |
| 29 | 15h29 | 14 | Prep./mov./conv. | Salão | Escola/I2/IA* | Grupo | Interm. + dirig. |
|  | 15h43 |  | Saída | Salão | Escola/I2/IA* | Grupo | Dirigida |

Enfim, no que diz respeito à variável 'participantes', deve-se observar que o tempo da tarde é caracterizado por várias mudanças na composição em grupos. Num período de tempo curto mudam cinco vezes a composição do grupo e mudam cinco vezes de lugar para desenvolver atividades. A tarde é, portanto, o momento do dia em que há mais instabilidade social e em que se pede às crianças com mais freqüência que se adaptem a situações com participantes diferentes.

O exame do dia-a-dia educativo do ponto de vista da composição dos grupos evidencia então, como o tempo escolar vivido pelas crianças pode ser dividido de modo significativo em relação à dimensão social das situações. No dia analisado, é proposto um ritmo extremamente dinâmico de variação social das situações, com poucas possibilidades para as crianças de se relacionar por um período prolongado com um mesmo grupo de colegas e com poucas ocasiões de interagir em grupos numericamente restritos. As modalidades de troca social no desenvolvimento da atividade são, portanto, freqüentemente guiadas pela professora, visto que 17 situações são completa ou parcialmente dirigidas pelo adulto. Predomina, além disso, a modalidade de agregação social da atividade em grupo (14 situações) e não é desprezível o número de situações desenvolvidas sob forma de tarefa individual (5 situações, das quais uma possui duração relevante). São todas situações em que a interação entre as crianças está vinculada aos tempos e aos modos estabelecidos pela professora. Esses dados nos fazem pensar que a variedade das situações sob o aspecto da composição dos grupos não se traduz numa riqueza real de trocas sociais entre crianças nas diversas situações. A escolha de uma determinada composição do grupo parece estar mais em função de objetivos didáticos que devem ser atingidos através de atividades preestabelecidas em seus tempos e modos de desenvolvimento por parte do adulto, do que em relação à valorização de formas de aprendizagem socializada. As ocasiões oferecidas às crianças para desenvolver atividades com colegas diferentes não parecem ter realmente a finalidade de ampliar as oportunidades de troca e de confronto e de promover a transmissão horizontal das aprendizagens. O dia proposto às crianças configura-se essencialmente como um dia desigualmente regulado nas formas de agregação social, um dia composto por mudanças contínuas, o que traz dúvidas de que sejam dados às crianças os tempos necessários de ambientação às situações sociais e, com eles, possibilidades adequadas de construir relações significativas.

## Textos citados

HARMS, T. & CLIFFORD, R. M. *SOVASI: Scala per l'osservazione e la valutazione della scuola dell'infanzia*. Tradução e adaptação italiana de M. Ferrari e A. Gariboldi. Bergamo, Edizioni Junior, 1994 (ed. orig. 1980).

# Capítulo 5

# O DIA-A-DIA EDUCATIVO NA ESCOLA ELEMENTAR

*Monica Ferrari*

O tempo na escola elementar foi definido nos últimos 25 anos por uma série de normas que examinaram as suas possibilidades. Desde o D.P.R.* n. 419 de 1974 que autoriza a experimentação e a pesquisa de novas modalidades organizacionais do trabalho escolar com o qual é freqüentemente relacionado o tempo integral (Becchi, 1979, p. 14) — já em vigor em algumas escolas pelo menos desde o ano letivo de 1972-1973 (Genovese, 1986, p. 310) — até os anos 90 quando é introduzida a Lei de reforma do ordenamento da escola elementar (Lei 148/90), segundo a qual novos módulos associam-se ao tempo integral (Iosa, Costanzo, Ferri, 1991), a redefinição da organização geral da escola, acompanhada pela introdução dos Novos Programas de 1985 (Lombardi, 1987), é totalmente focalizada na redefinição dos tempos do dia educativo. A Lei 148/90 especifica, de fato, que os professores (aos quais competem 24 horas semanais de atividade didática, das quais duas são destinadas à programação didática) "são escalados de acordo com módulos organizacionais constituídos por três professores para duas classes no âmbito da instituição, quando não for possível, podem ser utilizados módulos

* D. P. R. é a sigla de Decreto do Presidente da República (N. T.).

constituídos por quatro professores para três classes", para um horário escolar de 27 horas semanais, que pode ser elevado para 30 horas para as terceiras, quartas e quintas séries. O impacto da reforma na estrutura da escola elementar foi relevante, ao menos em termos quantitativos: uma monitoração da reforma realizada pelo CENSIS* em 1992 e relativa a 41 circunscrições didáticas observou que 74% das classes eram organizadas de acordo com módulos, apenas 8% em tempo integral e 18% em tempo normal.

São esses os momentos em que as normas em matéria de autonomia escolar se unem a diversos e controversos projetos de reforma em que a ênfase da continuidade entre diferentes graus da escola convida a refletir sobre propostas formadoras que redesenham o cotidiano e os tempos de vida da classe.

Analisar, portanto, através de uma grade que permite compreender em detalhes as modalidades de articulação das situações educativas vividas pelas crianças, a organização e os tempos de vida da classe na escola elementar nestes anos de significativa mudança ajuda a compreender melhor, entre outras coisas, o impacto de uma inovação não tanto em termos quantitativos (quantas classes e qual organização, quantas crianças para quais classes, quais professoras em quais estruturas), mas também sobre as tipologias da proposta de formação, sobre as modalidades concretas de gestão do grupo, sobre os espaços, sobre os participantes, sobre os agrupamentos dos atores.

Como dissemos, a grade de análise do dia delineia, de alguma forma, a fisionomia de uma distribuição peculiar do tempo num momento particular e num contexto particular; não tem pretensões de exaustividade nem quanto aos momentos (trata-se de um só dia), nem quanto às tipologias da proposta formadora, todavia, permite elaborar uma ficha de observação que favorece formas de auto-análise em quem é primeiramente observado e depois chamado a se confrontar e a identificar aspectos latentes da qualidade do cotidiano na escola como, por exemplo, a continuidade e a descontinuidade entre as situações sociais vividas pelas crianças.

---

* CENSIS é a sigla de "Centro Studi Investimenti Sociali" que significa "Centro de Estudos de Investimentos Sociais" (N. T.).

## 1. Espaços, atividades, participantes, agrupamentos, gestão num contexto específico

O observador externo na escola elementar tem uma tarefa relativamente mais fácil do que aquele que deve redigir o parecer em outros contextos educativos como a creche e a pré-escola. A maior codificação formal das atividades propostas às crianças normalmente ativa modalidades de transição e de passagem entre as situações sociais mais nítidas, marcadas às vezes por uma significativa troca de participantes (a chegada de um novo professor, por exemplo) e, sobretudo, por um tempo significativamente mais prolongado no desenvolvimento daquela determinada atividade. Entretanto, isso não significa que a grade horária das aulas coincida com a distribuição do dia que a grade de observação permite delinear. No caso, por exemplo, de uma classe de 1º ano de uma escola elementar de uma cidade de província, para onde se dirigiram dois observadores em fevereiro de 1993 (um focalizou a atenção nas crianças e o outro nos adultos para chegar a um parecer unificado), o horário das aulas relativa ao dia em questão era a seguinte:

— Língua-História

— Língua-História

— Matemática

— Matemática

Tratava-se de uma classe de primeiro ano de período normal, associada a uma outra de primeiro ano e confiada a três professoras, que se ocupavam cada uma de um conjunto diferente de disciplinas (1. Língua e Religião, 2. Matemática, Ciências e Psicomotricidade, 3. História, Geografia e Estudos Sociais, Música); todos os dias, com exceção das terças-feiras, o horário de entrada era às 8h30 e de saída às 12h30. Às terças-feiras estava prevista uma permanência das crianças no refeitório da escola e mais 4 horas de aula à tarde. Os mesmos professores, como foi dito, ocupavam-se de uma outra classe de primeiro ano e as duas classes eram o fruto do desmembramento de uma só, devido à presença de um aluno com necessidades especiais; 12 estavam matriculados na classe observada por nós e 15 alunos eram da outra classe.

Se a grade horária do dia previsto para as crianças era de quatro horas, subdivididas em conjuntos de disciplinas relativas a diferentes professores, por outro lado, este é o quadro do que foi possível extrair da observação.

*Análise do dia em uma classe de primeira série (10 alunos presentes)*

| NE | Hora | D | S | A | E | P | Ag. | G |
|---|---|---|---|---|---|---|---|---|
| 1 | (8h20) | 7 | I | Espera | 1 | C'1,7,8,9 | L* | A* |
| 2 | (8h27) | 23 | D | Música | 1 | C'1,7,8,9 | G | D |
| 3 | (8h50) | 16 | D | Música | 1 | C'1,7,8,9 | I | I |
| 4 | (9h06) | 15 | D | Música | 1 | C,1,2,7,8,9,10* | G | D |
| 5 | (9h29) | 6 | D | Música | 1 | C,1,2,7,8,9,5* | G | D |
| 6 | (9h35) | 25 | D | Língua a | 1 | C,1*,2,7,8,9 | G | D |
| 7 | (10h00) | 20 | D | Língua b | 1 | C,1,2,7,8,9,10* | I | I |
| 8 a | (10h20) | 10 | R | Lanche | 1 | Cº,1,2 | I | I |
| 8b | | - | R | Higiene pessoal | 3 | Cº,1,2 | I | A |
| 9 a | (10h30) | 11 | R | Lanche | 1 | P*,1,2 | L* | A* |
| 9b | | - | R | Brincadeira livre | 2 | P*,A,4 | L | A |
| 10 | (10h41) | 2 | O | Informação aos Pais | 1 | C,2,6 | G | D |
| 11 | (10h43) | 4 | I | Conversação | 1 | C,3,6 | G | D |
| 12 | (10h47) | 1 | I | Conversação | 1 | C',3 | G | D |
| 13 | (10h48) | 22 | D | Matemática a | 1 | C',3 | G | D |
| 14 | (11h10) | 8 | D | Matemática b | 1 | C',3 | G | D |
| 15 | (11h18) | 3 | D | Matemática c | 1 | C,3,6 | I | I |
| 16 | (11h21) | 10 | D | Matemática d | 1 | C,3,6 | G | D |
| 17 | (11h31) | 20 | D | Matemática e | 1a | C,3 | I | I |
| 18 | (11h51) | 9 | Ens | Avaliação | 1ª | C,3 | I | I |
| 19 | (12h00) | 10 | D | Matemática f | 1 | C,3 | G | D |
| 20 | (12h10) | 15 | D/I | Língua c | 1 | C,3 | G | D |
| 21 | (12h25) | - | R/O | Preparação para saída | 1 | C,3 | I | I |

Legenda

**D: Duração; A: Atividade; S: Situações** (D = Atividades didáticas; I = Intervalos; O = Atividades organizacionais; Ens = Atividades de ensino; R = Rotina); **E: Espaços** (1. Sala de aula em sua ordem normal; 1ª Sala de aula com as carteiras afastadas; 2. Corredor; 3. Banheiro); **P = Participantes** (C = as dez crianças presentes na classe; C' = as crianças da classe menos a criança com problemas; P = algumas crianças da classe; M = metade da classe; O = crianças de outras classes; 1,2,3 = professores da turma; 4 = professoras de outras classes; 5 = inspetor(a); 6 = professor de apoio; 7,8,9 = estagiárias; 10 = pedagoga; **= mudanças, vai-e-vem; º= em turnos); Ag = Agrupamentos (L = agrupamentos livres; L** = liberdade condicionada; I = tarefa individual; G = atividades em um único grupo); **G = Gestão** (A= autônoma, A* = autonomia relativa; I = intermediária; D = dirigida).

Atividades. Música = solfejo, rítmica; Língua: a = conversação; b = escrita, redação; c = leitura de um livro, conversação; Matemática: a = calendário; b = cálculo oral; c = cálculo no caderno; d = conversação para solucionar um problema; e = solução de problema; f = lição de casa.

## *1.1. Os participantes*

O dia da observação era, como são todos os dias na escola, um dia particular: 10 crianças presentes num total de 12 matriculadas, incluindo a criança com necessidades especiais. Os adultos que circulavam no espaço da classe eram muitos: antes de tudo as duas professoras, depois três estudantes estagiárias e a pedagoga que as acompanhava, e enfim a professora de apoio que se ocupava da criança com necessidades especiais.

Como é possível inferir da distribuição do tempo do dia acima relatada, as mudanças nos participantes foram significativas durante a manhã, sobretudo na situação compreendida entre 9h29 e 9h35 — quando entram a segunda professora e a criança com necessidades especiais. E ainda: às 10h20 — quando as três estagiárias vão embora — às 10h41 — quando chega a professora de apoio para a criança com necessidades especiais — às 10h47 — quando a criança com necessidades especiais e a professora de apoio saem a pedido da criança — às 11h18 — quando retornam. Leva-se em consideração o vai-e-vem da pedagoga que acompanha as estagiárias na primeira parte da manhã.

O vai-e-vem dos adultos marca de fato esse dia na escola:

- — a primeira professora está presente na classe desde o momento da entrada até às 10h41;
- — a segunda professora está presente das 9h29 às 10h43;
- — a professora de apoio das 10h41 às 11h31;
- — a terceira professora está presente das 10h43 até a saída;
- — as três estagiárias estão presentes desde o momento da entrada até às 10h20;
- — a pedagoga entra e sai da classe desde o momento da entrada até às 10h20.

## *1.2. Os espaços*

Durante todo esse tempo (cerca de 250 minutos), as crianças usufruíram predominantemente do espaço da classe e realizaram as atividades da manhã na maior parte do tempo em suas carteiras, colocadas em semicírculo em volta da mesa da professora. Apenas no momento da higiene pessoal e durante a recreação as crianças se dirigiram a espaços alternativos (o banheiro num caso e o corredor no outro); às 11h31, tendo de fazer um exercício de matemática, as carteiras são afastadas umas das outras.

11h31 — *3ª Professora: "Mateus, não fique largado na carteira! Você está aborrecido? E esta aqui que escreve sempre as mesmas coisas! Vamos, então! Problema... Agora Frederica vem aqui comigo, assim você se acalma — e a coloca na carteira perto da sua mesa — mudo vocês todos — muda algumas crianças, limitando-se a arrastar um pouco para lá a carteira. Frederica, você não acha que é capaz de mudar desse jeito". A criança pega e muda de lugar todas as suas coisas com dificuldade."*

Às 11h32: *"a professora sentou-se perto da criança com problemas que ficou sozinha" e diz: "agora estão todos separados"*. A ordem da classe não muda mais até o sinal tocar.

Nesse espaço, que permanece igual durante a manhã, um dos elementos de mudança consiste principalmente na posição que os adultos ocupam: as estagiárias sentadas ao lado das crianças na primeira parte da manhã, a professora no centro das carteiras colocadas em semicírculo em vários momentos, principalmente durante presença conjunta com uma colega colocada ao lado de sua mesa, as diferentes professoras e as estagiárias que circulam pelas carteiras, a professora de apoio sentada ao lado da criança com problemas, a 3ª professora sentada no meio das crianças e, em especial, perto da criança com problemas quando a professora de apoio vai embora, a 3ª professora na mesa distribuindo os cadernos às crianças.

As crianças mudam a sua posição no espaço da sala de aula poucas vezes: para irem à mesa da professora ou à lousa, para colocarem as carteiras numa nova posição, para irem ao banheiro ou ao corredor.

Nesse caso, para compreender melhor a modalidade da proposta formadora e da sua articulação é importante notar a posição ocupada pelos adultos no mesmo espaço, onde o grupo de 10 crianças mostra-se, ao contrário, menos móvel.

### *1.3. As atividades e as situações sociais*

As atividades desenvolvidas pelas crianças são predominantemente de tipo didático — e isso parece confirmar de fato o horário das aulas de que se falou —, todavia não se pode prescindir neste caso de uma análise da tipologia das situações sociais que caracterizam tais atividades e as finalidades, mais ou menos explícitas para os adultos e explicitadas para as crianças, que as caracterizam.

Se considerarmos, por exemplo, a atividade "matemática", que se desenvolve das 10h48 às 12h10, podemos notar uma série de articulações precisas que a compõem:

1) das 10h48 às 11h10 a atividade de matemática consiste em escrever o número do dia e indicar a quantidade, utilizando-se de bolinhas, marcar com letras maiúsculas os ausentes e especificar com um símbolo como está o tempo; trata-se de uma atividade realizada todos os dias, cada vez por uma criança diferente, chamada à lousa pela professora;
2) das 11h10 às 11h18 a atividade passa a ser o cálculo na linha dos números na lousa;
3) das 11h18 às 11h21 a atividade consiste no cálculo no caderno: propõe-se às crianças um exercício para contar exatamente as bolinhas que a professora distribui a cada criança aproximando-se das carteiras;
4) das 11h21 às 11h31 assiste-se a uma atividade de conversação sobre a seqüência de operações que devem ser realizadas diante de um problema;
5) às 11h31 as carteiras são afastadas umas das outras, a professora dita um problema que as crianças devem resolver individualmente;
6) às 11h51 as crianças entregam os cadernos, a professora começa a corrigi-los e a avaliar o trabalho de cada uma;
7) às 12h00 a professora dita a tarefa de casa para o dia seguinte.

Essas atividades inserem-se no quadro de situações sociais complexas para as quais diferentes atores sociais têm diferentes papéis; cada uma dessas atividades, além disso, está ligada a diversas instruções e tem diferentes significados para as crianças.

1) No caso da primeira atividade, que se realiza na lousa e que diz respeito à atualização do calendário, a professora lembra que o cálculo primeiramente será feito oralmente e depois por escrito,

não se explicita a instrução, visto que é uma atividade de caráter habitual.

2) O sentido da quarta atividade é explicado claramente pela professora, que diz: "*Agora chega, vocês se excederam um pouco. Agora chega! Não falem mais. Arranjem lápis, borracha e tinta e coloquem-nos na frente... porque agora vou explicar como vocês devem fazer e se não ouvirem não vão conseguir fazer, alguém vai acabar errando, se lembrando mal e o trabalho não vai sair certo, porque vocês são bons, mas para que se tornem realmente bons é preciso que tentem fazer as coisas continuamente...*" Cabe às crianças escutar atentamente as palavras da professora.
3) Não copiar e trabalhar individualmente em silêncio são instruções dadas para a atividade de solução de problemas; a professora faz com que se lembrem delas em diferentes momentos.
4) A professora avalia o trabalho de cada um (as crianças já sabem que precisam levar os cadernos à professora e esperar a nota, indo pegar os cadernos de volta na mesa da professora).
5) Enfim, dita a tarefa de casa para o dia seguinte, as crianças devem transcrevê-la no caderno de tarefas.

Procurando compreender melhor o significado que tais atividades têm aos olhos dos diversos atores, tivemos de identificar categorias específicas para a escola elementar: a uma série de situações sociais com finalidades eminentemente didáticas associa-se nesta seqüência uma situação de natureza claramente "professoral", estranha aos outros contextos educacionais de que se falou (a creche e a pré-escola), que se concretiza tanto ao disciplinar as crianças com vistas à realização de uma tarefa específica quanto, principalmente, ao avaliar o exercício realizado individualmente. Nenhuma situação de intervalo insere-se nesse *continuum* de atividades consecutivas, o único momento de espera refere-se à correção da tarefa feita pela professora. A avaliação do resultado individual de uma tarefa que as crianças realizam sozinhas, sem a ajuda da professora e dos colegas, de acordo com um ritual específico que implica uma ressignificação do espaço (afastam-se as carteiras), uma repetição das instruções (ficar em silêncio e não copiar), até a retirada dos cadernos ou o momento em que as crianças levam espontaneamente o caderno à professora, até a espera da correção de cada material, são uma modalidade de trabalho que se constitui como peculiar desde os primeiros anos do ensino obrigatório.

### *1.4. Modalidades de agrupamento e de gestão*

Nos aproximadamente 250 minutos de observação realizada neste dia específico, assistimos a diferentes modalidades de agrupamento das crianças, e ainda ao alternar-se de diversos atores.

De um total de 21 situações vivenciadas pelo grupo da classe, 12 são de fato em grupo, isto é, envolvem as crianças e as professoras numa série de envolvimentos principais que convergem em um único foco (Goffman, 1963), que é freqüentemente o professor ou cada criança chamada para realizar uma tarefa na lousa. A todas essas situações corresponde uma modalidade de gestão dirigida, ou seja, gerida pelo adulto que de fato se constitui como o diretor da situação e que freqüentemente repreende aqueles que atrapalham o envolvimento principal. Se, por um lado, 57,1% das situações sociais vivenciadas pelas crianças da classe durante a manhã são estruturadas desse modo, por outro lado, há também situações em que a gestão é intermediária, ou seja, não dirigida pela professora que se configura mais como facilitadora na realização de uma tarefa. Trata-se, principalmente, de situações ligadas à realização de um exercício individual no caderno; as atividades de agregações livres geridas de maneira autônoma pelas crianças são apenas a higiene pessoal e o lanche.

## 2. A divisão temporal da experiência

O quadro geral desse dia não é, portanto, caracterizado por uma distinção fundamentada nas quatro horas obrigatórias de aula, mas por uma sucessão complexa de situações sociais que têm um significado diferente para o grupo de crianças e de adultos envolvidos. Nesse quadro, o elemento de mudança mais significativo não parece ser a modalidade de gestão ou de agrupamento, muito menos o espaço considerado como lugar físico em que se movem os diversos atores ou os participantes, e sim as atividades.

Vamos examinar na ordem a seqüência das mudanças:

1) da primeira para a segunda situação: atividade, agrupamento e gestão (índice de variação: 3);
2) da segunda para a terceira: agrupamento e gestão (i.v.2);
3) da terceira para a quarta: participantes, agrupamento e gestão (i.v.3);
4) da quarta para a quinta: participantes (i.v.1);
5) da quinta para a sexta: atividade e participantes (i.v.2);
6) da sexta para a sétima: atividade, participantes, agrupamento, gestão (i.v.3);
7) da sétima para a oitava: todos os parâmetros (i.v.5);
8) da oitava para a nona: todos os parâmetros (i.v.5);
9) da nona para a décima: todos os parâmetros (i.v.5);
10) da décima para a décima primeira: atividade (i.v.1);
11) da décima primeira para a décima segunda: participantes (i.v.1);
12) da décima segunda para a décima terceira: atividade (i.v.1);
13) da décima terceira para a décima quarta: atividade (i.v.1);
14) da décima quarta para a décima quinta: atividade, participantes, agrupamento, gestão (i.v.4);
15) da décima quinta para a décima sexta: atividade, agrupamento, gestão (i.v.3);
16) da décima sexta para a décima sétima: atividade, participantes, agrupamento, gestão (i.v.4);
17) da décima sétima para a décima oitava: atividade (i.v.1);
18) da décima oitava para a décima nona: atividade, agrupamento, gestão (i.v.3);
19) da décima nona para a vigésima: atividade (i.v.1);
20) da vigésima para a vigésima primeira: atividade, agrupamento, gestão (i.v.3);

As atividades mudam 15 vezes num total de 21 situações, os participantes 10, os espaços 3 vezes, o agrupamento 11, a gestão 12; o índice de variação total é 2,47: 0,71 para as atividades, 0,47% para os participantes, 0,14% para os espaços, 0,52% para os agrupamentos, 0,57% para a gestão.

Mas essas variações, predominantemente centradas nas atividades, são marcadas por uma retomada interna que ressalta a continuidade ainda que apenas analógica das diferentes atividades propostas? (Bondioli, Gariboldi, Ferrari, 1995, pp. 66-67). Se por continuidade analógica entende-se, de fato, a retomada de conteúdos da atividade anterior, nesse dia analisado, a analogia envolve várias atividades e a continuidade configura-se mais como didática, ou seja, voltada para a realização de um determinado objetivo de caráter instrucional; por exemplo, nas atividades de tipo musical, realizadas de manhã, das 8h27 às 8h29, nas atividades lingüísticas que duram quase uma hora, das 9h35 às 10h20, nas atividades matemáticas que são propostas às crianças das 10h48 às 12h20.

A continuidade analógica e didática são categorias que nesse caso servem principalmente para compreender os nexos formais entre as atividades propostas que coincidem, de certa maneira, com o horário das aulas e com aspectos institucionais da vida da classe.

Indagamos principalmente de que tratam os elementos de descontinuidade entre essas atividades, cujos objetivos didáticos parecem ser coerentes, mas que de fato se configuram como elementos de descontinuidade para as crianças, quer por uma variação de outros marcadores da situação social (agrupamentos, gestão, participantes), quer principalmente por uma diversidade nas instruções e nas tarefas.

## 3. Instruções, tarefas: imagens de criança e pedagogia latente

A análise da ficha de observação permite não apenas compreender as situações sociais que dividem o dia na escola, mas também se indagar, especialmente na escola elementar, sobre as tarefas dos diversos atores na situação, sobre as modalidades de explicitação das tarefas e das instruções e, portanto, sobre a imagem de aluno que transparece entre as linhas da pedagogia latente (Bernstein, 1979) da classe que adota modelos positivos e negativos de comportamento de alguma maneira exemplar.

São diversas as tarefas das crianças nesse dia escolar; uma coisa é fazer um exercício sozinho na lousa sob os olhos da professora e dos colegas, outra coisa é trabalhar sozinho na carteira, outra é poder recorrer à ajuda das estagiárias, ou ainda à ajuda da professora. São diversas as instruções: uma coisa é ter de participar de uma conversa a convite da professora, outra coisa é poder participar espontaneamente de uma conversa, outra é ter de ficar em silêncio para fazer um exercício, outra é não poder copiar, ou seja, trabalhar com os colegas também em silêncio.

Durante esse dia de uma classe de primeira série que observamos, a tipologia das tarefas e das instruções para as crianças parece esgotar-se aqui, não estão previstas atividades de fazer exercício de modo cooperativo entre as crianças, por exemplo; apenas às estagiárias — portanto, uma figura de mediação entre a criança e a professora — é permitido ajudar os alunos. De fato, as crianças pedem ajuda a elas em diversos momentos; *"Se apoiaram nas garotas"*, comentam as professoras por volta das 8h30. A divisão do tempo do dia é de fato marcada por uma mudança neste conjunto de instruções e de tarefas relativas às diversas atividades realizadas pelas crianças: depois de um momento de aula (solfejo, por exemplo), as crianças são convidadas na 2ª, 3ª e 4ª situações a fazer primeiro um exercício no caderno com a ajuda das estagiárias e depois são chamados à lousa, uma por vez, para realizar a atividade. O envolvimento principal na tarefa compromete sempre o grupo todo. Essa modalidade repete-se também durante a atividade de matemática realizada no final da manhã.

Entretanto, às vezes há crianças que desobedecem a essas instruções, que não conseguem ficar na carteira, que não conseguem se munir rapidamente do que é necessário para a realização do exercício ou da tarefa. Os professores, nesse caso, parecem preocupados principalmente em "não perder tempo", em "trabalhar". Não é por acaso que os momentos de transição entre as diversas atividades são muito rápidos, não se configuram de fato como situações sociais significativas para as crianças, salvo a interrupção devido ao lanche e a interrupção no meio da manhã, em que o toque do sinal constitui elemento suficiente para a troca de atividade.

"10h20. Toca o sinal, as estagiárias vão embora, despedindo-se das crianças. Frederica diz a uma delas segurando-a: "Você não vai embora nem por sonho..." A 2ª professora aproxima-se, olha o caderno de Frederica: "Frederica, essas palavras não são suficientes, 1, 2, 3, 4, 5, vamos, Frederica, hoje sua mãe virá falar comigo, se quiser levar uma bronca continue assim".

10h23. Saem definitivamente as estagiárias... Frederica fala. 2ª professora: "Escute, Frederica, faça-o em casa, faça-o em casa (refere-se ao exercício que a menina quer terminar em casa), mas não estou contente com você". A 2ª professora comunica ainda que há um recado para os pais, relativo a uma visita ao bosque na quarta-feira, 24 de fevereiro, e diz: "Depois do intervalo vocês copiam, eu escrevo na lousa".

As crianças começam a ir ao banheiro, comem os lanchinhos sentadas nas carteiras enquanto a 2ª professora escreve o recado na lousa e a 1ª professora distribui os cadernos. 2ª professora: "E agora brinquem sem brigar". Depois de comer, saem e vão brincar no corredor".

Nesse momento, em que se verifica o intervalo mais significativo do dia, os adultos presentes saem de cena (as estagiárias) ou dão informações rotineiras (as professoras), repetindo as instruções para que brinquem tranqüilos e sem brigas. A direção da transição entre a atividade didática e o intervalo que dá início à recreação é quase abandonada pelo adulto, que confia principalmente em regras implícitas e em comportamentos rotineiros já adquiridos pelas crianças (que vão ao banheiro ou comem o lanche antes de irem brincar no corredor).

Além desse momento e do momento imediatamente posterior, as finalidades didáticas parecem prevalecer nesse dia, em que os elogios e as recriminações das professoras prefiguram inevitavelmente o modelo de um bom aluno que não desobedece nunca às regras. São recriminados, de fato, tanto comportamentos chamados de "excessos de zelo" (um menino que fez um exercício a mais em casa) quanto momentos de distração durante a aula (*"quer prestar atenção, por favor?"; "hoje a Frederica está distraída"*) e aspectos não pertinentes com relação à tarefa (*um menino pergunta: "devo fazer o desenho?" a professora: "Não, aqui não tem nada a ver"*). Não faltam elogios para quem se lembra do que foi explicado anteriormente, para quem realiza correta e rapidamente o exercício de matemática e assim por diante.

Deste dia emerge o perfil de uma escola ligada ainda, de certa maneira, à tradição da aula expositiva, em que os momentos de presença conjunta de professores numa classe "privilegiada" pelo baixo número de matriculados, não se tornam oportunidades de atividades diversificadas no grupo da classe, em que a recreação é um momento inteiramente delegado às crianças e parece que a importância desse tempo dentro do dia para as crianças dessa idade é compreendida apenas em termos de descarga de energias físicas.

Se, de alguma maneira, na escola elementar italiana parecem ainda presentes situações sociais ligadas a uma certa idéia de bom aluno e de bom professor, mais respeitadora dos tempos do programa do que dos tempos das crianças, nos últimos anos a reorganização das modalidades gerais de trabalho dos professores, para além deste dia particular e talvez não feliz por nós observado, obriga todos os professores — nos módulos e na escola de período integral que provavelmente acumulou maiores experiências de reflexão nesse mesmo sentido, para ser consolidada com a gestão de momentos menos institucionalizados do dia-a-dia educativo — a se perguntarem sobre o respeito aos tempos não apenas de aprendizagem dos alunos e sobre a carga de trabalho de cada um — professores e alunos — dentro da escola (Genovese, Kanisza, 1989). A construção de competências de observação e de auto-análise no pessoal docente, das diversas ordens e graus da escola, parece ser, portanto, uma meta importante a ser alcançada, principalmente com vistas à aplicação da norma em matéria de autonomia escolar que obriga a trabalhar através de projetos com objetivos definidos.

## Textos citados

BECCHI, E. "Le analisi del tempo pieno". In: BECCHI, E.; CHIARI, G.; IPPOLITO, M. & VEGETTI FINZI, S. *Tempo pieno e scuola elementare*. Milão, F. Angeli, 1979, pp. 9-34.

BERNSTEIN, B. "Classe e pedagogie: visibili e invisibili". In: BECCHI, E. (org.). *Il bambino sociale*. Milão, Feltrinelli, 1979, pp. 192-224. [Tradução em português publicada no Caderno de Pesquisa da Fundação Carlos Chagas.]

BONDIOLI, A.; FERRARI, M. & GARIBOLDI, A. "La giornata educativa: elementi di analisi". In: BECCHI, E. (org.). *Manuale della scuola del bambino dai tre ai sei anni*. Milão, F. Angeli, 1995, pp. 36-76.

CENSIS. *La valutazione nella scuola italiana: proposte operative e monitoraggio della riforma della* scuola *elementare, Rapporto finale*, abr. 1992.

GENOVESE, L. "Scuola dell'obbligo e sperimentazione di base". In: BECCHI, E. & VERTECCHI, B. *Manuale della sperimentazione e della ricerca educativa*. Milão, F. Angeli, 1986, pp. 305-229.

GENOVESE, L. & KANISZA, S. *Manuale della gestione della classe*. Milão, F. Angeli, 1989.

GOFFMAN, E. *Il comportamento in pubblico*. Turim, Einaudi, 1971 (ed. orig. 1963).

IOSA, R.; COSTANZO, P. & FERRI, G. *La nuova scuola elementare in tasca*. Roma, Casa Editrice Valore Scuola, 1991.

LOMBARDI, F. V. *I programmi per la scuola elementare dal 1860 al 1985*. Brescia, La Scuola, 1987.

LEI 5 DE JUNHO DE 1990, N. 148 (publicada na *Gazzetta Ufficiale* n. 138, 15 jun. 1990).

DPR 31 DE MAIO DE 1974, N. 419 (publicado no suplemento à *Gazzetta Ufficiale*, n. 239, 13 set. 1974).

Parte II

# Entre a casa e a escola

*Numa perspectiva de ecologia do desenvolvimento — a principal referência é Bronfenbrenner em* **Ecologia do desenvolvimento humano** *— as relações entre os diferentes ambientes pelos quais a criança passa no cotidiano e as transições entre eles, configuram-se como dispositivos evolutivos potenciais. A partilha do crescimento por parte dos agentes educativos que trabalham em microcontextos diferentes — a escola e a família, por exemplo — é vista, nessa perspectiva, como uma garantia de coerência e de eficácia da ação pedagógica sobre a criança. Dessas mediações entre ambientes e agentes educativos sabe-se, porém, muito pouco, como também se sabe pouco sobre como transcorre a vida cotidiana infantil dividida entre a casa e a escola. É necessário explorar, lançar sondas nessa realidade submersa e identificar os dispositivos de leitura que façam emergir, através de uma análise comparativa, peculiaridades e diferenças, idiossincrasias e regularidades dos ambientes domésticos e extradomiciliares no que diz respeito tanto ao uso do tempo como a outras variáveis educacionais significativas. O texto apresentado nessa parte aperfeiçoa e atualiza a grade de análise do dia proposta na parte anterior e enriquece-a com uma nova perspectiva de investigação, de inspiração goffmaniana, que estuda a complexa "gestão" do envolvimento infantil que se realiza, em casa e na escola, com dispositivos e estratégias freqüentemente diferentes.*

# Capítulo 6

# O DIA-A-DIA DE ERIKA EM CASA E NA ESCOLA: padrões de socialização em confronto*

*Anna Bondioli*

## 1. O arcabouço teórico: Goffman e o "jogo social"

Apresentarei, neste meu trabalho, uma perspectiva de pesquisa que se propõe estudar como as crianças de três a seis anos aprendem, em casa e na escola, as regras do que Goffman (1963), referindo-se à fisionomia e à dinâmica dos chamados "encontros em público", chamou de "jogo social", entendido como um conjunto mais ou menos formalizado de regras que determinam o comportamento dos indivíduos nas diferentes situações e ocasiões da vida cotidiana, definem o papel dos participantes, orientam as modalidades com que estes se agrupam para desenvolver tarefas e atividades específicas de cada encontro.

Referindo-se à socialização entre adultos Goffman enfatiza como a participação no "jogo social" constitui um dispositivo de "fabricação"

---

* A pesquisa da qual apresentamos alguns resultados neste texto foi financiada pelo Instituto Gemelli-Musatti no âmbito de uma investigação mais ampla sobre a comunicação interpessoal. Os dados foram coletados e parcialmente elaborados por Claudia Speziale (cf. Speziale, 1999-2000).

do sujeito, através do qual o indivíduo se plasma como ser social adaptando-se às normas de conduta que governam os diferentes encontros da vida cotidiana. São regras, módulos de comportamento, delimitações do que é lícito, apropriado, adequado, oportuno, correto e conforme, que se encontram como que "incorporados" nos diferentes "encontros" dos quais o indivíduo participa e que em geral são ressaltados por rituais particulares, pela proxêmica e pelo comportamento dos participantes "no papel".[1]

Goffman descreve também um aspecto interno desse "jogo", que ele chama de *envolvimento* (cf. Goffman, 1961, pp. 45-47) entendendo-o como a absorção de um indivíduo em uma atividade social. O envolvimento é a adesão plena do indivíduo ao encontro em curso, que garante a sua participação "consoante", que respeita as regras compartilhadas. Uma pessoa envolvida sabe manter o "tom situacional" já que se insere espontaneamente no encontro, contribuindo para satisfazer os seus objetivos. O envolvimento constitui, portanto, a dimensão psicológica do confronto interpessoal.

Duas suposições permitiram-nos presumir que a conceituação goffmaniana poderia ser útil para estudar as dinâmicas sociais das ocasiões e das situações em que se encontram crianças participantes (cf. Bondioli, 1997).

A primeira é que a criança se socializa participando dos diferentes jogos sociais que caracterizam os contextos e as situações em que se encontra envolvida. É através da participação no jogo social que a criança aprende suas regras, as variantes e as fixas, os aspectos importantes e os irrelevantes. A criança de fato aprende as normas que regulam o jogo da interação no próprio ato do qual participa, diferentemente do adulto, já

1. A noção de papel é de particular importância para definir as características do "jogo social" dos encontros em público. Os papéis podem ser designados ou desempenhados em função de hábitos adquiridos ou escolhidos livremente em uma gama de possibilidades. Em certos casos, eles parecem intrinsecamente naturais à própria ocasião social, por exemplo, público e espectadores em uma apresentação teatral; professor e alunos numa situação escolar; padres, coroinhas e fiéis na missa. Cada papel prevê uma certa gama de comportamentos típicos, de atividades ligadas a ele, de comportamentos em relação aos outros participantes, de expectativas por parte dos participantes. Pode também haver a possibilidade de um indivíduo que tenha o papel de designar papéis (por exemplo, o professor que atribui a alguns alunos o papel de "ajudantes" ou de "juízes").

socializado, que já as conhece e as interiorizou. O que equivale a dizer que a estruturação da experiência infantil é fortemente influenciada pelo modo como os adultos que vivem e estão com a criança organizam e governam as diferentes ocasiões sociais das quais esta participa.

A segunda é que a aprendizagem dessas regras por parte da criança é mais eficaz quanto mais ela estiver envolvida. A socialização da criança não passa somente pela descoberta das normas, geralmente implícitas, que governam as diferentes situações sociais que preenchem o seu dia, mas também pela adesão do pequeno a tais normas, que se traduz na execução de uma tarefa ou na participação de uma atividade compartilhada. A falta de adesão da criança às ocasiões sociais, decorrente do predomínio de "motivações extrínsecas" ou da falta de compreensão das "regras situacionais", tem efeitos sobre a sua socialização: ou a criança se adapta à vida coletiva instaurando um regime de "dupla verdade" (Goffman dá à forma patológica extrema de isolamento conseqüente a esse "envolvimento oculto" e às formas mais brandas a denominação de "*fugas do envolvimento*"[2]) ou a rejeita exibindo comportamentos "desviantes" ("*distúrbios do envolvimento*"[3]).

A gestão do envolvimento infantil é, portanto, um aspecto importante da gestão educativa, cujos principais responsáveis são os adultos que estão com as crianças.

## 2. A ecologia da vida infantil

Iniciar o estudo da participação infantil no "jogo social" implica, em primeiro lugar, identificar em que contextos, situações ou eventos é possível compreender o que podemos chamar de "processo de socialização infantil durante a sua construção".

---

2. Para Goffman as fugas do envolvimento são válvulas de escape do jogo social: "enquanto participa ativamente de uma atividade em uma situação social, um indivíduo permite que sua atenção se distraia daquilo que ele e os outros consideram o mundo real e sério, para se deixar levar para um mundo imaginário do qual só ele participa"; esse tipo de "emigração interna" do agrupamento pode ser chamado "estar alhures" (cf. Goffman, 1961, pp. 72-73).

3. Os distúrbios do envolvimento acontecem quando um dos participantes de determinada situação constitui impedimento às modalidades de realização da própria situação.

Pareceu-nos evidente, pelo menos em relação às crianças na nossa cultura, que os contextos a serem considerados deveriam ser a família e a escola, não somente por estarem destinados por tradição a apoiar esse processo, mas também por serem lugares privilegiados, freqüentemente únicos, nos quais transcorre a vida cotidiana infantil. Quando falamos de "família" e de "escola" como ambientes em que acontece o processo de socialização infantil, a referência obrigatória é Bronfenbrenner (1979) e sua concepção ecológica. Família e escola são, segundo o pesquisador americano, microssistemas, ou seja, "esquemas de atividades, papéis e relações interpessoais" que o indivíduo em desenvolvimento vivencia e que influenciam o seu processo de crescimento (ibid., p. 55). São lugares de vida caracterizados por formas de comportamento, dotados de significado e de uma certa "permanência" — as "atividades molares" (ibid., p. 85) —, por estruturas interpessoais — as "díades" (ibid., p. 101) — baseadas na reciprocidade, nos laços afetivos e num certo equilíbrio de poder, e por uma gama de "papéis" (ibid., p. 101), isto é, de posições que configuram um jogo de expectativas recíprocas. Atividades dotadas de significado, padrões de interação, âmbitos de responsabilidades peculiares, caracterizam, portanto, família e escola como ambientes de vida das crianças pequenas e estruturas formadoras do seu crescimento. Trata-se de ambientes relacionados entre si — as suas relações configuram, no que diz respeito às microssituações que os caracterizam, um nível ecológico supra-ordenado — o mesossistema —; trata-se, além disso, de ambientes entre os quais acontecem "transições ecológicas", isto é, momentos de passagem, nos quais o indivíduo em desenvolvimento vivencia novas modalidades de interação social, entra em contato com novas figuras, adapta-se a novas regras de comportamento e de convivência fazendo um esforço para tornar "contínuas" e coerentes as solicitações provenientes dos dois contextos. Ambientes de desenvolvimento "potencial" para a criança que aí passa a vida e o cotidiano — o condicional também é obrigatório para Bronfenbrenner, cujo modelo é substancialmente formal —, mas ambientes estruturados e, como tais, ambientes que estruturam a personalidade infantil. Poderíamos dizer, lugares de "pedagogia latente", uma pedagogia nem sempre consciente e intencionalmente perseguida, que se materializa nas práticas, na forma dos encontros, nas regras tácitas ou explícitas, no sistema das expectativas e dos papéis que os caracterizam. Práticas, encontros e papéis muito pouco explorados: sabe-se muito pouco sobre as modalidades com que as crianças são encaminhadas, muito mais precocemente que no passado, para formas de socialização secundárias na pré-escola; mas sabe-se menos ainda sobre os modos através dos quais acontece o processo de socialização primária no âmbito propriamente "privado" da família.

## 3. Explorar a vida cotidiana infantil: aspectos metodológicos

Tratava-se, portanto, em primeiro lugar, de fazer uma sondagem nessas realidades submersas; em segundo lugar, de aprimorar as grades para descrever a estrutura e as peculiaridades das situações sociais que as caracterizam; de identificar os "indicadores" significativos dos processos que nos interessava evidenciar; e de identificar, enfim, as peculiaridades, mas também os elementos comuns aos dois ambientes — família e escola — nos quais acontece uma das transições ecológicas mais importantes da primeira infância.

Foi sendo aprimorada uma metodologia de pesquisa peculiar. É o que procuramos fazer e é sobre isso, em particular, que meu trabalho versará.

A pesquisa, ou melhor, as pesquisas iniciadas e em fase de elaboração têm um caráter qualitativo e se apresentam como "estudos de caso". Os resultados não são generalizáveis nem têm a pretensão de sê-lo. Trata-se, como foi dito, de sondas lançadas em uma realidade submersa, com o objetivo de "construir" e aprimorar dispositivos de descrição e leitura (cf. Bondioli, 1997; Bondioli, Gariboldi, Livraghi, 1998).

Os dispositivos de sonda utilizados são "hemerografias" inspiradas na tradição dos estudos ecológicos (Barker et al., 1955; Barker e Wright, 1955). Por hemerografia entende-se a descrição, em forma de narrativa, realizada por um observador externo, do desenrolar dos eventos cotidianos de um indivíduo. O dia é, portanto, a unidade de tempo escolhida para fazer uma espécie de "sondagem" nas histórias de vida dos sujeitos e nos ambientes do seu cotidiano. Os materiais a partir dos quais se realizou a análise são, portanto, pareceres do dia-a-dia infantil em casa e na escola. Diferentemente das hemerografias barkerianas, centradas nas atividades de um só sujeito, as fichas de observação, em consonância com as sugestões apresentadas por Goffman em *Frame Analysis*

(Goffman, 1974), foram redigidas[4] adotando uma perspectiva "teatral", ou seja, a perspectiva de um espectador que assiste a uma *performance* teatral tentando reconstruir o enredo ao mesmo tempo em que este se desenrola (cf. Insegnamenti pedagogici del Dipartimento di Filosofia dell'Università di Pavia, 1993 e Bondioli, primeiro texto deste livro). O dia é concebido como a sucessão de eventos dos quais participam não apenas a criança observada, mas também outros atores — adultos e outras crianças — que, como ela, estão envolvidos nas diferentes situações do cotidiano e que, como ela, atuam em diversas cenas, representando uma série de ações dramáticas. A atenção do observador, portanto, não tem como foco nem a criança nem o adulto responsável por ela, mas todos os atores presentes em cena, as ações que realizam, o significado geral dos eventos nos quais estão envolvidos (cf. Bondioli, Ferrari, Gariboldi, 1995; Bondioli, 2000). No caso da pré-escola, o foco está dirigido para o grupo institucional em que a criança está inserida (geralmente o grupo da turma e o professor); no caso do ambiente doméstico, o foco é constituído por toda a *situação social* total em que o pequeno está envolvido.

Para Goffman, situação é uma parte do espaço que tem significado social para o indivíduo. Desse ponto de vista, a simples presença conjunta de adultos e crianças em espaços e raios de ação limitados constitui uma situação social. Excetuando o momento do sono, podemos dizer que os diferentes momentos do dia de uma criança pequena, que tem um adulto sempre ao seu lado, são, todas, situações sociais.

Durante o dia obviamente podem mudar, até mesmo rápida e bruscamente, os cenários (a casa, a rua, a escola, o parquinho, o consultório médico, a academia etc., e, dentro deles, os microcenários da sala de aula da turma, do salão, dos banheiros, dos diversos cômodos da casa, do jardim etc.), as figuras que cercam a criança (as professoras, os colegas de escola, os colegas de brincadeiras, irmãos e irmãs, os familiares e outros adultos a quem é confiado o cuidado da criança), a tipologia dos encontros do qual a criança participa: o despertar, a refeição, a entrada na escola, a participação nas atividades programadas, a ida ao banheiro, a brincadeira livre no salão, a saída da escola, o caminho para casa, o encontro com os amigos no parquinho, o jantar etc. Freqüentemente, es-

---

4. Com o método "lápis e papel".

ses encontros têm a forma de ocasiões sociais,[5] isto é, de situações sociais que têm um objetivo definido, que apresentam atividades peculiares, papéis definidos entre os participantes, normas que regulam a participação e a conduta dos indivíduos.

Cenários, participantes, ocasiões sociais constituem marcadores dos eventos, dotados de qualidade social, que permitem segmentar o *continuum* do tempo cotidiano em macroeventos dotados de significado.[6]

A subdivisão em episódios dotados de significado social permite contextualizar a análise subseqüente, relativa às modalidades, à gestão e ao perfil do envolvimento.

## 4. O estudo do envolvimento

Uma vez identificadas as diversas situações e ocasiões sociais que ritmam os dias das crianças em casa e na escola, tratamos de aplicar, com

---

5. Para Goffman (1963, p. 20): "trata-se de uma questão, de um empreendimento ou um evento social de maior importância, ligados a limites de espaço e de tempo, e facilitados por um instrumento estabelecido; [...] uma ocasião social fornece o contexto estrutural no qual muitas situações, bem como os seus agrupamentos, podem ser formados, desfeitos ou refeitos" [...]; "por toda a duração de uma ocasião social, uma ou mais pessoas dentre as que participam dela podem ser definidas como responsáveis pelo seu início, pela sua direção e pela manutenção da ordem". Exemplos de ocasião social são: "uma festa social, um dia de trabalho no escritório, um piquenique, uma noite na ópera"; na pré-escola: o momento da recepção, o almoço, uma situação de atividade didática, o descanso etc.; no ambiente doméstico, as ocasiões sociais são as mais diversas: a hora do almoço, a de ver televisão, o momento de ir dormir, um lanche entre irmãos, mas também uma tarde no parquinho ou um passeio ao zoológico. As ocasiões sociais podem ser mais ou menos reguladas: "Algumas ocasiões sociais, como, por exemplo, um enterro, têm um início e um fim relativamente bem definidos e limites bastante rígidos em relação à presença e às atividades toleradas". Trata-se de ocasiões sociais caracterizadas por "regras precisas [...], em geral, planejadas antecipadamente, [que] têm programas fixos de atividades, uma direção estabelecida, descrições detalhadas das sanções em relação a comportamentos incorretos, e um desenrolar-se preestabelecido das fases e dos pontos cruciais [...] Outras ocasiões, como a tarde de terça-feira na cidade, são muito livres" (ibid., pp. 20-21). Mesmo as ocasiões sociais compartilhadas entre adulto e criança podem ser mais ou menos estruturadas e formais. Geralmente, a rigidez dessas situações é imposta pelo adulto que determina, através de um sistema de normas, mais ou menos explícito, a participação da criança. Esse tipo de encontro propõe uma forma de "envolvimento obrigatório". Cada ocasião caracteriza-se de fato por uma atividade ou por um conjunto de atividades através das quais se realiza o seu objetivo, objetivo pelo qual os presentes foram convidados a participar da ocasião.

6. Em relação ao dia-a-dia na pré-escola, os marcadores com base nos quais o segmentamos em eventos sociais são: espaço, participantes, atividades, agrupamentos, modalidades de gestão (cf. Insegnamenti pedagogici del Dipartimento di Filosofia dell'Università di Pavia, 1993 e Bondioli, neste livro); em relação ao ambiente doméstico, os marcadores são constituídos por: espaços, participantes e atividades (cf. Bondioli, Gariboldi, Livraghi, 1998).

as devidas traduções, a conceituação goffmaniana relativa às situações públicas que envolvem os indivíduos adultos em encontros face-a-face, aos eventos, mais ou menos estruturados ou mais ou menos informais, em que a criança está junto de pessoas diferentemente distantes dela, com o objetivo de estudar as modalidades, as estratégias, as regras, a gestão que essas pessoas adotam para compartilhar com o pequeno um evento socialmente caracterizado.

Quais são, então, as categorias da microanálise do "jogo social" e das formas do envolvimento?

Podemos, antes de tudo, diferenciar as ocasiões sociais em que a criança é chamada a participar em ocasiões estruturadas e formais e ocasiões informais. Nas primeiras, os participantes agem de acordo com papéis definidos (por exemplo, na pré-escola, os professores e os pequenos alunos), se comportam atendo-se a regras de comportamento (por exemplo, no momento do sono é preciso fazer silêncio; ou ainda quando se faz fila para ir ao banheiro é preciso colocar-se dois a dois), são obrigados a fazer as atividades que as caracterizam (por exemplo, se a professora conta uma história são obrigados a escutar; se tiverem de preencher uma ficha, devem fazê-lo segundo as indicações da professora), agregando-se segundo modalidades sugeridas (por exemplo, fazendo a própria tarefa individualmente ou em dupla com um colega). Em situações informais nem sempre há uma tarefa designada pela ocasião em curso nem papéis definidos; os participantes têm notável liberdade para escolher as atividades nas quais se envolver e para variar os focos de atenção. Com base nessa distinção, podemos fazer uma outra distinção entre *envolvimento dominante*, modalidades comportamentais impostas pela ocasião social, e *envolvimentos subordinados*, modalidades de comportamento toleradas desde que não contradigam o envolvimento dominante (Goffman, 1963). É óbvio que essa distinção vale principalmente para as ocasiões sociais formais. Quando a gestão da ocasião social está nas mãos do adulto, que define previamente os objetivos, as atividades, as regras situacionais do encontro, o envolvimento dominante torna-se, para a criança ou o grupo de crianças, uma espécie de "envolvimento obrigatório". São situações em que é possível distinguir claramente entre envolvimentos dominantes e secundários e em que podem se manifestar uma série de comportamentos que revelam diminuições e fugas do envolvimento (cf. Goffman, 1961):

- *impropriedades situacionais* (comportamentos não consoantes com as regras da ocasião social em curso);
- *disfarces do envolvimento* (meios pelos quais o indivíduo pode dar a impressão de um envolvimento correto quando na verdade deixa de cumprir as obrigações situacionais, quando, por exemplo, com um jornal disfarça um bocejo);
- *manifestações de distância do papel* (quando um participante, mesmo desenvolvendo adequadamente a tarefa situacional e aceitando as regras situacionais, exprime uma adesão emocional incompleta à situação, por exemplo, fazendo gracinhas).
- *distúrbios do envolvimento* (que se verificam quando um dos participantes de determinada situação constitui impedimento às modalidades de realização da própria situação);
- *fugas do envolvimento* (válvulas de escape do jogo social, manifestações que revelam um "estar alhures").

Ocasiões e situações sociais impõem aos participantes *focos*[7] de atenção. O foco pode ser constituído por uma atividade em que os diversos atores, individualmente ou não, estão empenhados; pelo comportamento ou atividade de um ou mais participantes para o qual converge a atenção de um outro ou de vários atores. É possível que um indivíduo, dentro de uma situação social, dirija a própria atenção para vários focos, encontrando-se, por exemplo, envolvido em mais de uma atividade ao mesmo tempo. A esse respeito Goffman (1963, pp. 45-47) distingue entre *envolvimento principal*, "que absorve a maior parte da atenção e do interesse do indivíduo, constituindo a corrente principal das suas ações", e *envolvimentos laterais e secundários*, aos quais podemos nos dedicar sem comprometer a continuação da atividade principal. Pode haver também "envolvimentos concomitantes", sempre que um ou mais participantes desenvolvem ao mesmo tempo atividades diferentes ou dirigem a própria atenção para vários focos. Quando o

7. O foco é o ponto para o qual se dirige a atenção dos participantes em uma situação social. Pode, portanto, haver vários focos em uma situação (por exemplo, em situações informais como as "agregações livres", os participantes podem agrupar-se em torno de diversos centros de interesse, ou, em situações mais reguladas, podem ser convidados a desenvolver tarefas diferentes ou, ainda, a situação é tal que impõe um único foco de atenção).

foco é compartilhado de maneira cooperativa por um ou mais atores fala-se em *tarefa dirigida*.[8]

A ocasião e a situação social caracterizam-se também pelo modo como os atores se agregam para desenvolver as atividades próprias do encontro, em função do seu papel. Goffman chama essas modalidades de *agrupamentos*, "conjunto de duas ou mais pessoas em imediata presença recíproca em determinado momento" (Goffman, 1963, p. 19).

Quando há mais de um foco situacional (por exemplo, em situações informais, os participantes podem agrupar-se em torno de diversos centros de interesse ou, em situações mais reguladas, podem ser chamados a realizar tarefas diversas), ocorrem situações sociais "multifocais". Há também situações "monofocais", quer porque todos os participantes orientam espontaneamente a própria participação em direção a um único objetivo, quer porque a rigidez e a obrigatoriedade da situação impõem um único centro de atenção (por exemplo, escutar as palavras do professor).[9]

Tentar uma análise do envolvimento aplicando-a a contextos e a situações compartilhadas por adultos e crianças implica refletir sobre a especificidade das ocasiões sociais preparadas nesses contextos, as quais se caracterizam de maneira diferente por ambiente, participantes, atividades, focos de atenção. Significa também dirigir a atenção tanto para a pessoa maior que, direta ou indiretamente, intencionalmente ou menos conscientemente, toma conta do menor, quanto para o menor, o qual, através da sua participação em situações compartilhadas, aprende a se socializar, ou seja, aprende o conjunto de regras, de rituais, de modalidades de comunicação que o tornarão legitimamente um indivíduo social pertencente à própria cultura. O estudo do envolvimento exige, portanto, que se esclareça também como adulto e criança compartilham a gestão do poder (âmbitos de decisão, possibilidades de negociação, graus

8. As tarefas dirigidas incluem todos os casos em que dois ou mais participantes de uma situação estão aparentemente ligados um ao outro com o objetivo de manter um único ponto focal de atenção cognoscitiva e visual, o que é considerado como uma única atividade recíproca que inclui o direito a um tipo de comunicação preferencial. Um exemplo muito simples [...] é o caso de pessoas presentes na mesma situação que falam entre si (Goffman, 1963, pp. 91-92).

9. Para uma classificação mais detalhada das diferentes tipologias de situações sociais em relação aos seus focos, ver Bondioli, Gariboldi, Livraghi, 1988.

de liberdade), que se identifique o grau de explicitação das regras situacionais, além da sua maior ou menor rigidez, as estratégias de condução dos encontros, as modalidades comunicativas utilizadas para cooptar o pequeno. Do ponto de vista da criança, a análise do envolvimento implica o estudo dos comportamentos de adesão, de aceitação total ou parcial ou de recusa das regras situacionais e do envolvimento nos encontros.

## 5. Um estudo de caso: o dia-a-dia de Erika em casa e na escola

Resumirei o máximo possível os resultados obtidos mediante esse tipo de análise aplicando-a ao estudo de um caso: o dia de Erika em casa e na escola.

Erika tinha 3 anos na época da pesquisa. Seus pais, respectivamente, 35 (a mãe, formada em filosofia, pedagoga) e 43 (o pai, cirurgião). Erika tem uma irmã, Silvia, sete anos mais velha. Vivem em uma casa própria, nos arredores da cidade. Erika freqüenta a pré-escola da pequena cidadezinha, onde mora a família, uma escola pública; Silvia, a irmã, freqüenta o último ano da escola elementar.

O dia observado é 21 de abril de 1988. Começa com o despertar de Erika, continua com os preparativos para sair e ir à escola onde acontece a parte da vida cotidiana que se passa nesse contexto (das 7h50 às 16h55). Continua com as atividades da tarde, depois da escola, e termina entre 20 e 21h, ao ir para a cama.

Das várias considerações que podem ser extraídas da análise do dia de Erika em casa e na escola, de acordo com a grade goffmaniana, gostaria de apontar um aspecto particular que é a gestão do envolvimento, gestão que, como veremos, cabe principalmente às figuras adultas e é realizada por elas, mas de maneira diferente nos dois ambientes. Interessa-nos discutir o tipo de aprendizagem social que Erika faz nos dois contextos em relação aos "jogos sociais" dos quais é chamada a participar, refletindo sobre as continuidades e descontinuidades, sobre as sinergias e sobre as diferenças relativas ao modo como a menina participa e é envolvida. Não se trata, é bom enfatizar, de uma comparação entre a realidade doméstica e a escola em geral, mas entre a realidade doméstica e a escolar de Erika.

Uma consideração inicial deve ser feita sobre os tipos de ocasiões sociais em casa e na escola: "informais" as primeiras, estruturadas e mais rigidamente definidas as outras. Os diversos momentos do cotidiano doméstico, tanto de manhã antes da escola como de tarde depois da escola, aparecem como um fluir de eventos que se desenrolam, em relação às exigências dos participantes, sem um plano predefinido de atuação. Até momentos costumeiros e rotineiros como a refeição, o banho antes do jantar e o jantar propriamente dito parecem não acontecer de acordo com um enredo estabelecido de antemão; seu significado funcional para a economia da vida doméstica não transgride o social; na maior parte dos casos, esses momentos são "reinterpretados" em função do humor e das necessidades de Érika.[10]

Não é o que ocorre na escola, onde o alto número de crianças por turma e a reduzida presença conjunta das professoras impõem uma estruturação mais rígida do tempo cotidiano, segmentado em momentos destinados às diversas exigências: rotina, atividade, brincadeira; são muitos os momentos na escola planejados para atender a objetivos específicos, que por esse motivo se desenvolvem em espaços e tempos definidos e segundo uma ordem e uma modalidade de desenvolvimento previsível. Poderíamos dizer, seguindo Goffman, que boa parte das situações escolares revela a presença de um "envolvimento dominante"

---

10. Relatamos, a título de exemplo, o episódio doméstico relativo ao banho vespertino de Erika: 19h04 A mãe entra no banheiro dizendo: "Agora vamos tomar banho!". Ensaboa a menina, molha os cabelos dela. Erika pergunta: "Mamãe, posso colocar a saia nela [na Barbie que segura nas mãos]?". A mãe lhe responde: "Pode, são bonitas, perfumadas" e enquanto isso ensaboa os cabelos. Erika pergunta: "De qual Barbie você gosta mais?". A mãe: "Da vermelha". Erika: "Mas dessa, ela já gosta mais" (referindo-se a observadora). A mãe ri e diz: "Então, da outra, porque tem brincos bonitos", depois ensaboa o corpo. Erika continua falando da Barbie, segura uma em cada mão. A mãe propõe: "Põe a cabeça para baixo e vamos dar uma nadadinha?". Erika responde: "Tá", enquanto a mãe a segura colocando uma mão sob as costas. Erika diz: "Mamãe, solta a mão! Não entra água no meu olho, né?". A mãe tira a mão e a tranqüiliza docemente: "Mesmo que entre não acontece nada". Joga algumas gotas no seu rosto, Erika ri. 19h07. Erika está parada, deitada na banheira. A mãe pergunta: "Vai nanar aqui?". A menina ri, depois responde: "Vou". Entra a irmã, que pergunta para a mãe onde ela colocou a sua tiara e sai depois de ter recebido a resposta. 19h10 A mãe olha para o relógio e depois diz: "Erika, sai, está na hora!". A menina não lhe dá bola, e a mãe acrescenta: "Ou você sai ou eu te tiro. Vou contar até três". Pega-a, mas Erika se sacode e diz: "Eu saio sozinha daqui a um minuto". A mãe aceita e diz: "Tá, senão a mamãe fica brava. Não estou com vontade de ficar brava". Enquanto isso, entra Silvia, a irmã, trazendo suas roupas. A mãe comenta: "Agora é ela que vai tomar banhinho aqui". Erika sai da banheira, a mãe a enrola numa toalha grande.

determinado pelo significado atribuído pelo adulto àquele momento ou atividade particular.

Na ambiente doméstico, ao contrário, a maior parte das situações flui de uma para outra, assume significado em função do tipo dos participantes, se caracteriza pela contribuição que cada um deles traz, mesmo quando se trata de "situações fixas" que se apresentam habitualmente no emprego do tempo cotidiano. Se, por um lado, na escola predominam os momentos "de envolvimento obrigatório" (137 contra 91), nos quais o objetivo das atividades, os agrupamentos e os focos são decididos pelo professor, por outro lado, no ambiente doméstico nenhuma das 179 microssituações de que Erika participa parece ter essa característica.

É claro que as características das situações sociais nos dois contextos são diferentes. No ambiente doméstico prevalece a condição do "grupo pequeno" (de no máximo seis pessoas, entre as quais Erika) ou de "díade" (Erika e uma outra pessoa). Na escola Erika encontra-se envolvida em situações sociais amplas, do ponto de vista do número de participantes (dos 36 eventos que segmentam o dia na escola, em pelo menos 24 estão presentes simultaneamente todas as crianças da turma e o professor, além de um episódio do qual participam, com os seus professores, as crianças de outras duas turmas. Situações, portanto, de socialização "restrita" em casa; situações de "socialização ampliada" na escola).

Seria de esperar na escola, dado o predomínio de situações "de envolvimento obrigatório", uma ênfase mais acentuada do que no ambiente doméstico, das regras que governam o comportamento dos participantes nessas situações. Mas não é o que acontece. Em 65% dos casos (se considerarmos a totalidade dos microeventos sociais do dia na escola) não se fornecem instruções nem se sugerem esquemas de comportamento. Deve-se observar que, para o número restante dos casos (25%) nos quais são explicitados objetivos e normas situacionais, essa explicitação acontece, na metade dos casos, "chamando a atenção", isto é, em forma de ênfase da regra depois que um ou mais participantes a infringem; somente em 12% dos casos temos instruções precisas sobre o que as crianças são chamadas a fazer. Dado que, no dia observado, o comportamento das crianças não mostrou sinais evidentes e quantitativamente consistentes de impropriedades situacionais e de distúrbios do envolvimento (para Erika eles foram somente 10 vezes num total de 232 microssituações), pode-se supor que a aprendizagem das normas de convivência cotidiana e dos comportamentos consoantes com as diversas situações seja confiada, no ambiente escolar, à modalidade rotineira de desenvolvimento das atividades, à repetição, dia após dia, em determinados espaços e em determinados tempos, de eventos dotados de um padrão reconhecível de ações e comportamentos apropriados. É principalmente por hábito que se aprende o "jogo social" na forma da adaptação a um ambiente no início desconhecido que pouco a pouco se torna familiar. Não é por acaso que, para tornar mais fácil essa adaptação, as professoras demonstram tolerar comportamentos infantis que, mesmo não se opondo às regras situacionais, manifestam "envolvimentos secundários", isto é, focos de atenção diferentes dos propostos pela situação em curso. Nos momentos "de envolvimento obrigatório", Erika age em consonância com o envolvimento desejado pelas professoras, mas com freqüência se envolve ao mesmo tempo em uma atividade secundária (autônoma ou em relação com os colegas) que as professoras toleram sem compreender o significado de atos que exprimem o desejo de fazer outra coisa ou de fazer de outro jeito.[11]

---

11. Eis um exemplo: estamos na sala da turma onde a professora de inglês dirige uma atividade com todo o grupo de crianças. 9h30 A professora diz: "Vamos tentar ver com os ursinhos [balinhas] se sai alguma coisa de bom?". Erika olha a professora enquanto ela tira da bolsa um saquinho de balas, depois olha a observadora e sorri. Professora: "Como se diz urso em inglês?" Ninguém responde, e ela "Bear". Todos repetem. A professora passa perto de cada criança com o saquinho fazendo perguntas. *Erika a observa com a cabeça apoiada no braço.* 9h32. A professora: "Ontem pedi para vocês lembrarem de quatro coisas para hoje. Como se diz estou com fome, estou com sede, beber, comer?". Erika olha para o teto, depois para o chão. Ninguém responde e a professora comenta sorrindo: "Se vocês não souberem não vão comer!". 9h35. A professora dá as respostas, as crianças repetem. Um menino dá a resposta certa e a professora lhe oferece uma bala-ursinho. *Erika está parada em silêncio, olha para o chão.* A professora: "Como se diz beber?". *Erika olha a observadora, sorri, estica uma perna.* Alguém diz "drinking" e a professora: "Tirem ing de drinking!". Ninguém responde. Erika faz barulhos com a boca. Um menino e uma menina dão a resposta certa e a professora os premia passando perto de Erika com o saquinho das balas. *Erika acompanha a professora com o olhar e levanta a mão.* Um menino diz: "eu também falei!". A professora ajoelha-se perto dele e pergunta: "Tem certeza? Eu te dou o ursinho mas não me diga uma mentira!". Ele pega a bala sério. 9h40. Dois meninos se levantam. A professora: "Fiquem no seu lugar!". *Erika olha para fora pela janela.* A professora passa perto de cada criança e diz "Me digam o que vocês lembram. Eu dou um urso para refrescar a memória de vocês". Enquanto as crianças interpeladas respondem, *Erika olha para os seus pés, está em silêncio. Apóia por um instante os pés na cadeira do vizinho.*

Não é o que acontece no ambiente doméstico, em que cada microssituação social parece definir-se, em relação ao seu significado e ao seu desenvolvimento, em função da contribuição dos diversos participantes. Forma, conteúdo, objetivo das diversas situações definem-se num jogo de negociações recíprocas do qual participam tanto os adultos como Erika ou outras crianças eventualmente presentes (a irmã, os amigos) e onde os adultos presentes — a mãe, em particular — não se propõem como autoridades, mas como ponto de referência constante da conversa e ponto de referência para a execução de tarefas e atividades.[12]

Situações de socialização restrita, caracterizadas pela negociação, em casa; situações de socialização ampliada, caracterizadas pela execução de padrões predefinidos de ações e comportamentos, na escola. Conseqüentemente, os "focos" da atenção de Erika e as formas de seu envolvimento parecem, também, diversificar-se. Nas situações domésticas predominam as situações monofocais caracterizadas por envolvimento direto entre os participantes. Aproximadamente metade das situações sociais de que Erika participa no ambiente doméstico são monofocais, o que significa que a atenção dos participantes converge para um único centro de atenção; 87% destas caracterizam-se por formas de envolvimento direto entre os participantes, seja porque existe um tema de conversação comum, seja porque a atividade é compartilhada de maneira cooperativa. Erika, nessas situações, participa como membro legítimo dando a própria ajuda e fornecendo a própria contribuição. Nas outras situações, os presentes agrupam-se em torno de vários focos (por exemplo, a mãe conversa com Erika enquanto a irmã lê um livro); também nesses casos, porém, o jogo da atenção recíproca continua manifestando-se na forma do envolvimento secundário (enquanto um dos participantes desenvolve a própria atividade, observa e escuta o que dizem ou fazem os presentes) e na solicitação, por outros, para tomar parte de al-

12. Eis um exemplo: 16h49 A perua chega diante da casa deles; a mãe e o pai estão esperando. Erika e a irmã descem correndo, sorrindo felizes. Beijam os pais. A mãe diz: "Vamos entrar um pouco!". Todos sobem. Entram na sala. A mãe tira o casaco de Erika enquanto ela fala: "Sabe que ontem eu caí? Me machuquei aqui", e indica com o dedo o lugar na perna. O pai sai. A mãe dirige-se para o sofá e a chama: "Vem". Erika tira os sapatos e saltita pelo tapete. Silvia, enquanto isso, explica o dia para a mãe. Erika repete várias vezes: "Mamãe, quero uma bala!". A mãe lhe diz com calma: "Primeiro vem me dar um beijo e contar como foi o dia". Erika senta-se então na poltrona, no colo da mãe, que lhe pergunta: "Você dormiu?". "Dormi, um pouco". A mãe a incentiva docemente. "E que mais...?". "Brinquei de futebol" e explica para a mãe a brincadeira. A irmã intervém: "Erika é boa. Às vezes faz gol sozinha". E a mãe: "É, ela é boa para a sua idade".

guma atividade comum (mediante apelos diretos ou indiretos).[13] As situações multifocais de agrupamentos paralelos (nas quais cada participante aparece envolvido de maneira autônoma na própria atividade) são extremamente raras (menos de 3%).

Não é o que ocorre na escola, em que o envolvimento direto com os presentes relaciona-se a apenas 39% das situações e em que Erika freqüentemente também está envolvida em atividades que realiza de maneira autônoma (32,5%). Se, por um lado, em casa Erika é solicitada continuamente do ponto de vista social, por outro lado, na escola essa solicitação é reduzida: o desenvolvimento de uma atividade não é sempre, como em casa, ocasião para participar de um "jogo social", ainda que, tanto na escola como em casa, Erika seja "socialmente orientada", atenta à atividade e às palavras dos outros: adultos e/ou colegas (28,5%).

Não são apenas a natureza e as características das diversas ocasiões sociais de que Erika é chamada a participar que são diferentes em casa e na escola; ainda mais marcado é o modo diferente com que é guiado e sustentado o envolvimento da pequena nos dois contextos. No ambiente doméstico, a gestão do envolvimento de Erika é realizada pela mãe; na escola, a professora, que tem a gestão da situação ambiental e social, confia quase sempre à sua organização a gestão do envolvimento infantil.

Em casa, as 76 situações monofocais de envolvimento dirigido, vivenciadas por Erika, possuem a presença da mãe, quer porque essa figura é a única interlocutora de Erika (43 das 76 situações são "diádicas"), quer porque a mãe está presente em situações que a pequena compartilha com outros (irmã, observadora, pai, colegas de brincadeira). Mas também nas situações multifocais, aquelas em que os presentes desenvolvem atividades diversas e em função destas se agrupam, a atenção da mãe está dirigida sempre para Erika, porque entre as duas acontece um envolvimento direto enquanto os outros se dedicam às próprias ocupações, ou porque a mãe está atenta ao que Erika faz e está pronta para intervir ou, ainda, porque é Erika que se dirige à mãe para exigir ajuda e atenção. Atenção que a mãe concede mesmo quando está envolvida com a filha maior, com o marido ou com o desempenho das atividades do-

---

13. Sobre essa categoria de análise, ver Bondioli, Gariboldi, Livraghi, 1988.

mésticas, apresentando-se à pequena como interlocutora sempre disponível (são apenas duas as situações em que a mãe se ausenta do "jogo social" com Erika, e é por poucos minutos). Mas não se trata apenas de atenção e de disponibilidade, porque na participação de Erika nos momentos compartilhados, em dupla ou com outros, a mãe continuamente desempenha a função de apoiar, encorajar e dirigir a participação da menina no jogo social em curso, seja quando a atividade da pequena é objeto de comentário por parte da mãe e isso dá origem a uma conversação entre elas, seja quando uma atividade de rotina, como o banho vespertino, torna-se a ocasião para trocas verbais e gestuais lúdicas entre as duas, e ainda, quando, nas situações de socialização mais ampla, a mãe promove a participação de Erika ou apóia a sua interação com outros interlocutores.

Na escola, Erika também parece privilegiar o adulto como ponto de referência e como foco de atenção. Se considerarmos os momentos em que a pequena dirige a sua atenção para o comportamento, para as atividades, para as verbalizações dos participantes, nota-se que, em 39 situações (num total de 67), a atenção de Erika está voltada para um adulto (professora, inspetora, observadora) que na maior parte dos casos se dirige para todo o grupo das crianças. Mas, diferentemente do que acontece em casa, na escola Erika tem muito menos oportunidades de "envolvimento dirigido" com um adulto; mais com os colegas, em especial com as meninas maiores da turma, com as quais busca contato e aprovação mas, muito mais raramente do que em casa, o compartilhar de uma atividade lúdica com as colegas é acompanhado pela conversação. Se, por um lado, em casa Erika é continuamente incentivada verbalmente, seja porque suas ações são comentadas pelos adultos de referência, seja porque ela é chamada a participar da conversação em curso ou, ainda, porque a mãe promove o diálogo com ela, através de perguntas, retomadas das suas verbalizações, incentivos para continuar, por outro lado, na escola o que se incentiva é predominantemente o "fazer" de Erika, desempenhado de maneira autônoma ou junto com os colegas, na forma de uma atividade ou de um jogo. A relação entre palavra e comportamento assume uma conotação diferente, portanto, em casa e na escola. A casa é lugar de palavra, na qual os comportamentos dos participantes são comentados, as atividades a serem feitas negociadas, o significado das ações e condutas é justificado e explicado. A escola é lugar de um agir coletivo, em que a palavra se exprime predominantemente na forma de instrução e em que uma gestão ambiental, que não passa pela palavra, funciona como organizador da vida cotidiana.

O objetivo dessa análise não era avaliar a importância educativa dos dois ambientes que Erika atravessa cotidianamente; não se tratava de hierarquizar a qualidade deles. Não se tratava nem mesmo de avaliar o quanto as continuidades/descontinuidades entre os dois contextos podiam influir no crescimento de Erika. O que procurei fazer foi mostrar quão complexos e diferentes podem ser os "jogos sociais" de que crianças tão pequenas como Erika são chamadas a participar e, igualmente, quão diferentes podem ser as situações preparadas pelos adultos e as estratégias por eles adotadas para solicitar o envolvimento dos pequenos e a sua adesão aos encontros compartilhados por ambos. Tempos diferentes, diferentes modos de utilização do tempo, momentos e ritmos de socialização diferentes marcam o dia da menina observada. É razoável supor que as aprendizagens que a pequena pode fazer em casa e na escola sobre o uso social do tempo e a sua gestão também são diferentes — e não sabemos quão sinérgicas sejam.

## Textos citados

BARKER, R. G., SCHOGGEN, M. & BARKER, S.L. "Hemerography of Mary Ennis". In: BURTON, A. & HARRIS, E. (orgs.). *Clinical Studies of Personality*. Nova York, Harper and Row, 1955.

BARKER, R. G. & WRIGHT, H. F. *One's boy day*. Nova York, Harper and Row, 1955.

BONDIOLI, A. "Riflettere sulla giornata scolastica: uno strumento e un percorso di valutazione formativa". In: BONDIOLI, A. & FERRARI, M. (orgs.). *Manuale di valutazione del contesto educativo*. Milão, Angeli, 2000.

______. "Le strategie del gioco sociale: la regia del coinvolgimento". In: BONDIOLI, A. & BECCHI, E. (org.). *Valutare, valutarsi*. Bergamo, Edizioni Junior, 1997.

BONDIOLI, A.; FERRARI, M. & GARIBOLDI, A. "La giornata educativa: elementi di analisi". In: BECCHI, E. (org.). *Manuale della scuola del bambino dai 3 ai 6 anni*. Milão, Angeli, 1995.

BONDIOLI, A.; GARIBOLDI, A. & LIVRAGHI, P. "Per uno studio del coinvolgimento in situazioni domestiche", *Ikon*, 36, 1998, pp. 41-79.

BRONFENBRENNER, U. *Ecologia dello sviluppo umano*. Bolonha, Il Mulino, 1986 (ed. orig. 1979). [Edição brasileira: *A ecologia do desenvolvimento humano: experimentos naturais e planejados*. Porto Alegre, Artmed, 1996.]

GOFFMAN, E. *Espressione e identità*. Milão, Mondadori, 1979 (ed. orig. 1961).

______. *Il comportamento in pubblico*. Turim, Einaudi, 1971 (ed. orig. 1963).

______. "Introduzione a *Frame Analysis*", *Aut aut*, 1995, 269, pp. 17-34 (ed. orig. 1974).

INSEGNAMENTI PEDAGOGICI DEL DIPARTIMENTO DI FILOSOFIA DELL'UNIVERSITÀ DI PAVIA. *La giornata educativa nella scuola dell'infanzia*. Bergamo, Edizioni Junior, 1993.

SPEZIALE, C. *Pattern di socializzazione a confronto: la giornata de Erika a casa e a scuola*. Tese de conclusão da graduação. Università degli Studi di Pavia, 1999-2000 (mimeo.)

Parte III

# O tempo na vida cotidiana das crianças

*Lugares da intimidade doméstica e de uma socialização entre pares em seus primórdios, os ambientes de vida que a criança atravessa quando não está na escola — e as ocasiões sociais que os caracterizam — também têm, como os ambientes escolares, uma conotação temporal. Mesmo fora da escola as passagens de um ambiente para outro — a casa, a rua, os parquinhos, mas também outros lugares nem sempre à altura da criança —, as transições de uma situação do cotidiano para outra ocorrem de acordo com ritmos, rotinas, hábitos, primeiramente regulados pelos adultos, depois geridos com maior autonomia. Aprender a usar o tempo, negociar com os outros a organização da vida cotidiana, compartilhar os seus diversos momentos e o seu significado social constituem aspectos fecundos do processo de socialização infantil, do qual as pessoas "grandes", quando organizam e compartilham com as crianças a vida cotidiana, são agentes freqüentemente inconscientes. Os dois textos desta terceira parte relatam esse processo, que se caracteriza também em função do contexto social de pertencimento diferente, propondo, de ângulos diferentes e em relação a diferentes idades — o primeiro, de crianças pequenas, o segundo, de garotos maiores —, uma leitura do emprego do tempo como dispositivo de aprendizagem de* habitus *sociais.*

# Capítulo 7

# O COTIDIANO DOMÉSTICO DE CRIANÇAS PEQUENAS: distribuição do tempo, pessoas, comunicações, ações

*Egle Becchi* e *Anna Borando**

Em um estudo anterior, realizado utilizando o mesmo material (cf. Becchi e Borando, 1998), consideramos uma série de dimensões do uso do tempo de crianças que passavam parte dos dias da semana na creche e todo o fim de semana em casa. O foco dessa investigação foi — para aproximadamente cem pequenos — o modo como um dos pais — geralmente a mãe — afirmava ser a distribuição do cotidiano e, para dez crianças, os episódios de uma manhã de um fim de semana, observados, registrados e definidos por uma observadora que, por boa parte do sábado ou do domingo, convivia com o pequeno e os seus familiares no ambiente doméstico. Dentro dos episódios foi examinada, com particular interesse, a comunicação verbal ou não verbal que adultos dirigiam às crian-

* A pesquisa, da qual apresentamos as duas primeiras partes foi financiada pelo Instituto Gemelli-Musatti no âmbito de uma investigação mais ampla sobre comunicação interpessoal e desenvolveu-se parcialmente numa atividade de pesquisa-ação, solicitada pela Prefeitura de Milão, Departamento de educação, Serviços educativos para a infância da II circunscrição. A esses órgãos expressamos a nossa gratidão. As informações foram coletadas e elaboradas por Anna Borando que redigiu o texto 1. Os dados foram discutidos por ambas as autoras.

ças. Faremos um relato abreviado desses dois aspectos e nos deteremos de modo mais detalhado em um terceiro: a análise das ações — de rotina, de afeto, de brincadeira, de distanciamento — voltadas para essas dez crianças, de modo a integrar o que consideramos ser uma rede de comunicação que envolve pequenos e grandes e na qual aparecem linhas pedagógicas domésticas diversas de acordo com as idades das crianças, figuras parentais e estilos educativos.

Tratou-se até aqui de uma investigação exploratória superficial no que diz respeito aos procedimentos usados e sobretudo ao número de sujeitos considerados e aos testes estatísticos que pudemos aplicar. É, em suma, um primeiro trabalho indiciário, propedêutico para uma pesquisa mais ampla, garantida metodologicamente, realizada com um número maior de sujeitos. Mas precisávamos ter um certo conjunto de dados com os quais pudéssemos exercitar interpretações preliminares e definir hipóteses mais nítidas e seguras relativas sobretudo à "pedagogia" doméstica da primeiríssima infância que aparece, mesmo na sua qualidade fundadora e monolítica durante toda a idade infantil, como um conjunto de cuidados em vez de atos formadores intencionais, mas que, sob um olhar mais analítico, embora não sistemático, é intrigante nas suas incongruências. Os primeiros trabalhos de investigação da qual trataremos têm justamente a função de guiar com maior segurança o nosso olhar e permitir-nos definir e verificar melhor as nossas hipóteses.

## 1. Os tempos, os personagens, os lugares da semana

A primeira ação foi uma sondagem em um grupo de crianças em Milão e relacionou-se com a distribuição do tempo do seu cotidiano semanal. Utilizamos um questionário apropriado para coletar dados acerca dos tempos e dos espaços do dia infantil, que já havia sido usado no caso de pequenos que freqüentavam a creche ou a pré-escola (cf. Bondioli, 1990; Becchi e Bondioli, 1995), composto por uma série de perguntas feitas à mãe ou a quem acompanha ou vai buscar a criança na creche ou na pré-escola. Ele toma como elemento principal o evento social, entendido como "toda situação na qual a criança se encontra com ou sem a presença de outras pessoas" (Bondioli, 1990, p. 123). Tem-se um novo evento social "toda vez que a situação social muda — no caso em que participam uma ou mais pessoas novas ou então quando uma ou mais pessoas vão embora" ou quando se modifica o lugar em que o pequeno é levado (ibid., p. 122). Considera-se o evento social como uma unidade de análise com a qual é possível realizar cálculos e elaborações estatísticas.

O questionário está organizado em duas partes: a primeira diz respeito aos dados pessoais e socioculturais da família da criança; a segunda pretende definir as circunstâncias de vida do pequeno durante a semana imediatamente anterior à aplicação do questionário, tendo o cuidado de aplicá-lo em períodos não superiores a uma semana nem em semanas "anômalas" por conta de festividades ou de eventos extraordinários na família ou no decorrer da vida da própria criança. Essa parte foi criada para coletar informações sobre o cotidiano da criança em cada dia da semana e diz respeito ao tipo e ao número de pessoas — adultas ou não, individuais ou coletivas — presentes junto com ela no decorrer de vários momentos do dia (manhã, almoço, tarde, jantar, noite), ao tipo de ambientes (casa da criança, creche, casa de parentes, casa de pessoas não ligadas à criança por vínculos familiares, lugares de brincadeira etc.) freqüentados pela criança nos vários momentos do seu cotidiano, e principalmente, ao tipo de atividade desenvolvida pela criança num determinado local e com determinados adultos. No rastro de uma série de perguntas subdivididas por tempos do dia, pede-se para indicar onde, quando e com quem esteve a criança sobre a qual se deseja obter informações. Pedem-se também notícias relativas ao que a criança fez em cada evento, mas, devido à freqüente imprecisão e vagueza das respostas a esse respeito, no nosso estudo não levamos em conta esses dados nem para ter elementos discriminantes dos eventos nem para enriquecer o conjunto de informações sobre o *emploi du temps* dos pequenos.

Essa estrutura de questionário, em que as perguntas incentivam respostas breves sem comentários, em que se pergunta com quais pessoas a criança está e para onde é levada, permite construir um primeiro esquema do cotidiano de cada criança, a sua coerência e incoerência. Com base nas informações assim coletadas, é possível calcular, de fato, para cada dia da semana o número de eventos sociais, as pessoas — mamãe, papai, avós etc. — e os espaços sociais pelos quais a criança passa.

Os sujeitos sobre os quais solicitamos e coletamos informações são todas crianças pequenas que freqüentam a creche. A idade e a freqüência nessa instituição foram escolhidas como critérios seletivos por vários motivos. Em primeiro lugar porque entre 6 e 36 meses é possível vislumbrar as premissas — às vezes bem consolidadas — dos modos educativos que marcam, de modo diferencial, épocas breves, mas intensas e essenciais do primeiro desenvolvimento infantil. Além disso, as condições da socialização e, portanto, do ato de receber e de transmitir mensagens, sobretudo verbais, nesse período do desenvolvimento, são particularmente determinantes, mas também mais perceptíveis: as próprias mensagens são mais breves e podem ser facilmente registradas sem instrumentos sofisticados que artificializam a situação. Foram escolhidos pequenos da creche principalmente por motivos de conveniência: não apenas porque a freqüência na creche "reduz" o dia e o distingue claramente dos dias de festas e dos feriados, permitindo comparações mais interessantes, mas também e sobretudo porque a creche pode convidar um grande número de pais a colaborar com a investigação sem obrigá-los a vínculos privados muito mais cansativos e aleatórios. Obviamente, isso levou a sacrificar uma parte relevante de dados do dia e da semana e o cotidiano das crianças de segunda a sexta-feira foi esclarecido apenas parcialmente; mas esse recorte permitiu também — assim nos parece — evidenciar melhor a parte do dia em que a criança passa em casa, menor mas talvez mais fácil de ser lembrada pelo parente que respondeu o questionário.

Há uma série de perplexidades sobre o valor heurístico do instrumento que, na sua segunda parte, não relativa aos dados pessoais, utiliza-se de informações que o entrevistado deve lembrar e logo elaborar rapidamente de acordo com um esquema de questões que, embora explicado pelo pesquisador, é inusitado e requer um trabalho de escavação na própria memória e de rápida reorganização de contextos mnêmicos. O questionário, deve ser enfatizado, foi um instrumento de primeira abordagem que nos serviu para ter um quadro verossímil do transcorrer semanal dos eventos infantis a partir dos quais chegar aos casos que deviam ser ilustrados de modo mais detalhado, dias infantis a serem estudados através de malhas mais finas. Durante a aplicação do questionário, tivemos a impressão de que alguns pais, às vezes pouco conhecedores das ações do próprio filho quando este estava com outras pessoas que dele cuidavam — *baby-sitter*, avós —, procuraram preencher eventuais lapsos de memória com a descrição de uma semana considerada típica, mas que de fato era reconstruída conjugando elementos de confiabilidade heterogênea. As informações mais "fracas" nesse sentido e, sobretudo, as menos codificáveis pela sua pouca univocidade foram —

como se disse — aquelas relativas às atividades da criança indicadas freqüentemente de modo muito genérico.

A investigação, realizada na primavera de 1997, limitou-se a três creches municipais milanesas, escolhidas em três diferentes zonas urbanas, embora não fossem representativas do universo da cidade. Não fizemos uma escolha casual, mas atendemos a pedidos do responsável pela creche. Uma creche está situada no centro histórico, as outras duas em áreas semiperiféricas diferentes. A clientela das três creches é heterogênea no que diz respeito à escolaridade e à profissão dos pais e das mães das crianças, mas no teste do qui-quadrado não foram identificadas diferenças significativas e podemos considerá-las como um grupo único. Ele também deve ser considerado emblemático do universo das três creches visto que, quanto aos níveis de escolaridade e à tipologia das profissões dos pais, não foram evidenciadas diferenças significativas entre o "grupo" que havia aderido à nossa solicitação e a população geral.

Um parente de cada criança foi convidado — por parte da coordenadora da creche — a responder ao questionário que lhe foi apresentado pela pesquisadora num encontro marcado na própria creche. Aceitaram o convite 47% dos familiares (sempre mães, com exceção do caso de um pai e de dois casos de casais de pai e mãe). Não se trata, portanto, de uma amostra em sentido estatístico, mas de um grupo de sujeitos com forte motivação, curiosidade e disponibilidade, que não se sabe o quanto são representativos da dimensão do universo parental das três creches.

As crianças cujos pais responderam ao questionário foram 94, das quais 40,4% são filhos únicos, 94,7% das crianças mora com os pais e apenas uma pequena parte vive com um parente ou um convivente (avós ou um companheiro da mãe).

Nas tabelas 1 e 2 são relatados os dados sobre a escolaridade e profissão dos pais e na tabela 3 são indicados a média, o valor máximo e o mínimo da idade das crianças expressa em meses.

A elaboração dos dados coletados na segunda parte do questionário, que dizem respeito à reconstrução dos eventos cotidianos/semanais e do fim de semana, permitiu calcular índices relativos à variedade dos encontros e aos lugares do cotidiano dessa pequena legião de crianças. Quisemos assim sublinhar a dimensão relacional do evento social, considerando-a condição forte de toda forma de comunicação, não apenas verbal, em que a criança entra ativamente ou apenas como destinatária.

Na combinação dos parceiros do seu dia, no jogo da singularidade e da multiplicidade de vozes que se dirigem à criança, nos momentos da chegada e da saída de pessoas que cuidam dela, no diálogo ao qual ela assiste ou é capaz de participar, nas circunstâncias de lugares para onde é levada e acompanhada — dentro dos quais existem regras, papéis, discursos diferentes — o pequeno cresce não apenas na competência social e verbal, mas experimenta as continuidades e descontinuidades do mundo, a pluralidade dos modos como se encontra quem já cresceu e quem está começando a crescer. Para delinear estas que chamamos de circunstâncias do comunicar, alguns índices calculados com base no evento social pareceram-nos de particular importância.

**Tabela 1:** Escolaridade dos pais (em %)

| Escolaridade | Pai | Mãe |
|---|---|---|
| Ensino Fundamental (até 4º ano) | 0,9 | 2 |
| Ensino Fundamental (até 8º ano) | 16,4 | 11,7 |
| Ensino Médio | 44,9 | 41,3 |
| Ensino Superior | 37,8 | 45 |

**Tabela 2:** Profissão dos pais (em %)

| Tipo de profissão | Pai | Mãe |
|---|---|---|
| Sem emprego | 0 | 8,6 |
| Operário | 18 | 14,5 |
| Empregado | 46,2 | 41,5 |
| Professor | 6 | 9,5 |
| Comerciante | 0 | 1,1 |
| Profissional autônomo | 20,4 | 24,8 |
| Cargo de direção | 5,2 | 0 |
| Professor universitário | 4,2 | 0 |

**Tabela 3:** Médias* máxima e mínima da idade das crianças expressa em meses

| Média | 236 |
|---|---|
| Máx. | 36 |
| Mín. | 102 |

* Média é a soma das idades de todas as crianças em meses, dividido pelo número de crianças (N. T.).

Antes de tudo, as médias dos eventos semanais do sábado e do domingo que, numa primeira elaboração, pareceram disformes. No sábado e no domingo, a creche está fechada — e, portanto, falta o valor de um evento social que relacionamos à presença na creche —; no sábado e domingo os pais geralmente estão livres de compromissos de trabalho e podem se dedicar mais intensamente ao seu filho. No sábado e no domingo, a rigorosidade dos horários de início e final da creche e do horário do trabalho dos pais se atenuam, dando lugar a ritmos mais lentos e variados. Dada a não significância das diferenças das médias desses valores para as três creches — com exceção de uma creche quanto às médias do sábado em relação às do período de segunda a sexta-feira (p = .01) — foram considerados juntos os três grupos.

**Tabela 4:** Médias dos eventos dos dias durante a semana, do sábado e do domingo

| | |
|---|---|
| Segunda a sexta-feira | 5,3 |
| Sábado | 4,3 |
| Domingo | 4,2 |

A análise desses índices leva a hipóteses diferentes. A primeira hipótese é que, excluída a unidade relativa à creche, o tempo doméstico dilatado no fim de semana não significa automaticamente um incremento dos eventos. Nas horas "livres", devido ao não funcionamento da creche, os pequenos não vivenciam um número maior de encontros e de visitas a lugares; as pessoas que os acompanham no dia-a-dia não parecem ter a intenção de ampliar, ao contrário, têm a intenção de reduzir a variedade do mundo da creche em seus vários encontros, como se a exigência de socialização que constitui motivação cada vez mais forte na demanda da creche tivesse chegado a um nível suficiente de satisfação durante os cinco dias da semana e tivesse necessidade de uma pausa. É como se o "trabalho" extradomiciliar do pequeno na creche fosse aliviado, a família o acolhe novamente, permite-lhe descanso e sobretudo comunicação diferente: com menos pessoas e em mais lugares onde ele possa se distrair e fazer o exercício de espectador da vida dos grandes, da qual a comunidade infantil da creche o mantém distante. O barulho das vozes infantis é substituído pelo das palavras dos adultos que ocorre em planos diversos: aqueles que falam diretamente com ele, aqueles que falam dele, aqueles que falam de modo difuso nos contextos onde ele é acompanhado e levado. Uma série de registros discursivos e disformes abre-se, portanto, para a sua escuta, para a sua aprendizagem, para o seu esforço de criança que está construindo as suas competências verbais sociais e emocionais.

A semana parece também mais intensa e com uma variedade de encontros com pessoas diferentes em comparação com o sábado e o domingo.

**Tabela 5:** Porcentagens das pessoas que as crianças encontram de segunda a sexta-feira, no sábado e no domingo

| | Segunda a sexta-feira | Sábado | Domingo |
|---|---|---|---|
| Mãe | 100 | 96,3 | 97,3 |
| Pai | 92,3 | 81,6 | 85 |
| Outras pessoas da família | 48 | 35 | 41 |
| Pessoas da creche | 100 | 0 | 0 |
| Outras crianças além daquelas da creche | 65 | 37,6 | 43,6 |
| Adultos fora da família | 24,2 | 13,3 | 11,5 |

No fim de semana, o círculo familiar parece concentrar-se na microssociedade de pais e filhos, embora uma porcentagem reduzida de mães às vezes não esteja presente — viagens de trabalho, breves férias — e também os pais pareçam menos assíduos.

Não apenas o alternar-se de pessoas, mas também de lugares; e novamente, embora as diferenças não sejam estatisticamente significativas, o fim de semana tem traços diferentes em relação aos outros dias.

Espaços fechados como a própria casa e a creche, espaços destinados à infância como o parquinho, a rua como lugar de passeios, o lugar de esportes, delimitam o dia da criança. Mas, juntamente com estes, lugares de adultos — os locais públicos, as lojas, os locais de trabalho dos pais, a escola dos irmãos maiores — também hospedam esses pequeninos não apenas para lhes mostrar — mas é uma estratégia muito inconsciente — o que é a vida dos adultos, mas também para nos mostrar como o tempo do pequeno está incrustado no tempo do grande e como as necessidades do viver cotidiano fundem, de modo relevante, as horas do pequeno às do adulto. Voltando novamente ao centro da nossa investigação, poderíamos nos perguntar que modificações sofrem as formas

**Tabela 6:** Porcentagens dos lugares ocupados pelas crianças durante a semana

| | **Segunda a sexta-feira** | **Sábado** | **Domingo** |
|---|---|---|---|
| A própria casa | 95,6 | 87 | 93 |
| Creche | 100 | 0 | 0 |
| Casa dos avós | 10 | 19 | 25 |
| Casa de parentes | 1 | 2,5 | 6 |
| Casa onde passa férias | 3,3 | 11 | 14 |
| Escola de irmãos/irmãs | 12,6 | 0 | 0 |
| Local de trabalho dos pais | 5,6 | 2 | 0 |
| Locais para esporte | 3,5 | 1 | 3,5 |
| Parquinho | 18,3 | 27,3 | 57 |
| Passeios | 25,3 | 31,6 | 42,5 |
| Locais públicos | 2,3 | 7 | 8 |
| Comércio | 10 | 35 | 1,5 |
| Outros lugares | 2 | 6,5 | 4,6 |

comunicativas em contextos tão variados onde não apenas há mais barulho, porque as vozes falam ao mesmo tempo, mas onde o pequeno assiste a léxicos, sintaxes retóricas destinadas a adultos e não a crianças da sua idade, a formas discursivas não ajustadas para as suas capacidades e não destinadas a ela. Nesse contexto, que provavelmente é o vozerio de um mundo em escala ampla, a criança percebe que, muito além do limite da casa e da creche, existem outras linguagens às quais deve se acostumar e que deverá aprender; que essas linguagens não são provavelmente tão diferentes daquelas que está acostumada a ouvir quando são os próprios adultos que conversam, mesmo que a criança naquele momento não seja capaz de compreendê-las. E percebe, principalmente, que essas trocas verbais estimulam e acompanham práticas e condutas não habituais no âmbito doméstico e na creche. E nesses universos mais complexos, a criança aprende significados, não apenas no espelho da figura materna e no microcosmo da casa; os aprende acompanhado freqüentemente de outras pessoas nem sempre mediadoras da comunicação, em ritmos irregulares e não programados, em itinerários que até agora foram muito pouco estudados porque estão em contextos não passíveis de observação, mas nem por isso são menos importantes para entender o seu crescimento.

As crianças desse grupo mais numeroso têm diferentes idades (cf. Tab. 3) e nos perguntamos se as observações feitas até aqui valem para todos do mesmo modo. Um trabalho posterior foi distinguir entre grandes e pequenos (com base na mediana que se coloca entre 22 e 23 meses) e ver se as diferenças das médias dos eventos dos dias da semana, do sábado e do domingo eram significativas. Embora o qui-quadrado* não tenha atestado a significância, as médias freqüentemente exprimem diferenças que estimulam indagações acerca da homogeneidade da gestão do cotidiano para essas duas faixas evolutivas.

**Tabela 7:** Médias dos eventos dos dias da semana, do sábado e do domingo

| | Segunda a sexta-feira | Sábado | Domingo |
|---|---|---|---|
| Pequenos | 5,9 | 4 | 2 |
| Grandes | 5,4 | 4,4 | 4,3 |

É principalmente nos feriados e em particular no domingo que os pequeninos parecem mais calmos, com os maiores mais "agitados" para encontros e contextos. E é nesses dias que ações posteriores da investigação se empenharam em buscar pontos de padrões educativos iguais e diferentes presentes na comunicação dos grandes com as suas crianças.

## 2. Comunicar com a criança no fim de semana

A análise dos eventos semanais constituiu, portanto, o terreno e o quadro no qual é possível fazer indagações e fazer reflexões. Até aqui os índices que pudemos definir foram muito globais; os valores absolutos e percentuais não bastam para nos dizer como as informações coletadas podem se traduzir em perguntas apresentadas de modo mais intrigante e, sobretudo, para nos sugerir que a rede comunicativa — verbal e não-verbal — na qual cada criança está imersa articula-se de acordo com as pessoas, os tempos, os lugares em que ela transcorre o seu cotidiano e de acordo com a sua idade. Não seria possível retomar os 94 pequenos e realizar investigações mais detalhadas com eles; optamos, portanto, por uma metodologia de observação mais detalhada e voltada para explorar

* O teste do qui-quadrado é um teste estatístico padrão que descreve a probabilidade de uma dada observação ser decorrente de uma mera flutuação, ou seja, ele testa a significância estatística de uma dada observação, indica se um dado acontecimento poderia ser obra do acaso e não de algo real (N. T.).

num grupo de crianças muito mais reduzido algumas condutas adultas e infantis nas suas modalidades e nas suas trocas.

Dez crianças de 10 a 34 meses foram extraídas do grupo de 94 crianças e, através de questionários respondidos pelas mães, foram obtidas informações sobre a segmentação de tempos, lugares, presenças durante a semana anterior ao encontro. A escolha foi feita selecionando em cada creche, com base na gradação do valor dos eventos totais de toda a semana, as crianças que tinham o maior e o menor índice, respectivamente, e um sujeito cujo valor coincidia com a mediana da distribuição. A essas nove crianças acrescentamos o caso de uma cuja situação era característica de muitos sujeitos que vivem apenas com a mãe.

Eis o sexo, a idade no momento da visita em casa, a profissão dos pais e o dia escolhido com antecedência.

**Tabela 8:** Sexo, idade da criança expressa em meses, profissão dos pais e dia da visita

| N. prog. | Sexo | Idade | Profissão do pai | Profissão da mãe | Dia |
|---|---|---|---|---|---|
| 1 | M | 10 | Cargo de direção | Empregada | Sábado |
| 2 | M | 11 | Profissional autônomo | Comerciante | Domingo |
| 3 | F | 11 | Fisioterapeuta | Fisioterapeuta | Sábado |
| 4 | M | 20 | — | Empregada doméstica | Sábado |
| 5 | F | 22 | Professor universitário | Pesquisadora em universidade | Sábado |
| 6 | M | 23 | — | Do lar | Sábado |
| 7 | F | 29 | Profissional autônomo | Professora | Domingo |
| 8 | M | 30 | Empregado | Empregada | Sábado |
| 9 | M | 31 | Pesquisador Inst. de Tumores | Empregada | Domingo |
| 10 | M | 34 | Médico | Médico | Sábado |

A observação foi realizada de acordo com o método das hemerografias barkerianas (cf. Barker e Wright, 1966, especialmente pp. 1ss.; Barker et al., 1978, especialmente pp. 53 ss.), anotando da maneira mais fiel possível atos e palavras dos adultos dirigidos aos pequenos e também ações realizadas e recebidas pela criança e suas "palavras". A criança foi novamente o alvo da investigação, mas neste segundo momento foi observada diretamente e não reconstruída nas suas segmentações cotidianas através da palavra mais ou menos relembrada pelos pais.

Como foi anotado, o tempo foi subdividido em unidades, as quais foram definidas com base nas ações realizadas ou recebidas pela criança no espaço — a casa ou os lugares externos em que a criança se encontrava —, nas pessoas que estavam com ela. Essas unidades, que chamaremos de episódios, valendo-nos de uma terminologia de Barker,[1] diferenciam-se umas das outras ao variar um desses elementos, ou seja: o fazer e o vivenciar da criança, o lugar (casa ou fora[2]) em que se encontrava e as pessoas que estavam com ela. Desses episódios foram suprimidas, no final das contas, as presenças da pesquisadora — não calculada como uma das "pessoas" que estavam com a criança — e, conseqüentemente, os seus atos comunicativos (palavras e ações). Não se tratou de uma observação etológica "pura" e certamente uma pessoa a mais e sobretudo nova na realidade familiar provocou variações relevantes que não foi possível neutralizar.

## 2.1. *A comunicação verbal*

Realizamos uma primeira série de cálculos acerca desses dados por meio de comparações entre as várias características dos sujeitos. A que nos pareceu mais interessante a ponto de poder suscitar comentários úteis para o nosso escopo é a idade; a diferença entre homens e mulheres e entre os níveis de escolaridade e a posição profissional dos pais não era suficiente para permitir comparações estatisticamente plausíveis. Analisou-se, portanto, a mediana* dos valores da idade que, também para esse grupinho, está entre 22 e 23 meses, constituindo dois grupos numericamente equivalentes de cinco sujeitos cada um, o dos Pequenos e o dos Grandes. Além das diferenças de nível cronológico, os dois grupos

1. Cf. Barker et al., 1978, pp. 73 ss. Barker identifica os episódios com base nas condutas de Mary Ennis, a garotinha observada, mesmo que às vezes (op. cit. pp. 62 e 71) aponte apenas a conclusão. Aproximamo-nos do procedimento dessa psicologia ecológica, visto que nos ativemos a informações coletadas apenas através da observação, sem passar para a indicação de intenções e sem fazer inferências interpretativas. Devemos dizer, porém, que nosso procedimento foi feito de modo mais "econômico" do que o realizado pelo psicólogo americano, o qual na hemerografia dos seus pequenos sujeitos utilizava vários observadores que trabalhavam em sucessão e contemporaneamente, conferindo um com o outro a coleta de informações.

2. Se, por um lado, em relação à casa, não foram considerados como elementos diferenciais os vários cômodos nos quais a criança se encontrava, por outro lado, no mundo extradomiciliar foram diferenciados os vários lugares pelos quais passava e nos quais parava.

* A mediana é calculada considerando a maior e a menor idade das crianças, retirando-se a média entre esses dois valores (N. T.).

juntos se diferenciavam também porque entre os Pequenos somente uma criança sabia falar algumas palavras e apenas três eram capazes de andar, competências que pareciam já adquiridas, embora não completamente, pelas crianças do grupinho dos Grandes.

Os valores dos episódios desses dois grupos foram comparados para ver se as diferenças que derivavam das médias eram significativas ou não.

**Tabela 9:** Média dos episódios totais nos dois grupos

| | |
|---|---|
| Pequenos | 96 |
| Grandes | 105 |

O teste que foi usado, devido ao pequeno número de sujeitos, não é paramétrico, mas, mesmo não sendo "forte" como uma "prova" paramétrica, permite alguns comentários e hipóteses. É o teste de Wicoxon-Mann-Whitney, que "tolera" amostras mesmo que sejam muito escassas e requer uma medida ordinal, é considerado um dos "mais potentes testes paramétricos" e é de fácil aplicação (Siegel *et al.*, 1992, pp. 180 ss.). Decidimos estabelecer por convenção o valor $p. > .05$. Graças ao uso desse teste foram verificadas as diferenças das distribuições dos valores considerados e indicados aos poucos nas tabelas. Exceto quando explicitamente declarado, as diferenças não foram significativas.

Passamos, então, à comparação entre Grandes e Pequenos, dos valores relativos ao que chamamos de episódios de verbalização adulta, ou seja, aqueles em que um ou mais adultos dirigem a palavra à criança. Deve-se lembrar que a base para esse cálculo continua sendo o "episódio" no qual a criança faz ou em que para ela é feito algo. A tabela 10 indica as médias desses valores.

**Tabela 10:** Médias dos episódios de verbalização do adulto com a criança.

| | |
|---|---|
| Pequenos | 38 |
| Grandes | 55 |

Nesse caso, a diferença entre as distribuições é significativa (p = .028). Entre Pequenos e Grandes há diferenças não apenas na segmentação do dia, mas também no emprego da palavra dos adultos que os circundam. Há um maior laconismo em relação aos menores, é como se a criança muito pequena evocasse mais cuidado que educação, mais atenção que estímulo discursivo e fosse ajudada a crescer num clima pobre de palavras, como se fosse capaz de atingir os objetivos limitados de modo mais lacônico — mesmo que dificílimos e complexos — que o social lhe impõe em seu primeiro período de vida: estar bem, ter habilidade verbal passiva, passear, chegar, enfim, às capacidades que lhe permitirão estar na norma evolutiva e tornar-se alguém. Adquiridas essas competências, a freqüência de contextos relacionais e espaciais e, sobretudo, de palavras dirigidas à criança torna-se mais numerosa e variada; a rede de ações e reações na qual a criança é envolvida torna-se mais complexa, como se a imagem "pedagógica" de criança tivesse se modificado e de uma criança carente apenas de cuidado passasse a um sujeito merecedor de educação.

Além disso, o contexto de palavras das crianças um pouco maiores é diferente, e a possibilidade de obter uma resposta por parte da criança, a presença de irmãos e irmãs maiores (quatro no caso dos maiores e três no grupo dos pequeninos) e a competência motora, além da verbal, da criança parecem motivar o adulto a realizações verbais mais numerosas, a indicações para fazer perguntas e respostas. Numa versão anterior dessa parte da pesquisa foram também examinadas as taxas de variação dos turnos de fala e também nesse caso houve diferenças que, mesmo não sendo significativas, mostram uma variedade maior para os maiores.

Uma estimulação verbal mais intensa e variada para os maiores tem como conseqüência uma maior atenção por parte das crianças para registros diferentes de discurso, para "estilos" de falantes heterogêneos aos quais devem se adaptar com rápidas mudanças, experiência que parece poupada aos mais pequeninos. As condições de aquisição de uma competência verbal passiva e ativa nas suas infinitas facetas parecem, portanto, disformes entre essas duas faixas de idade que no nosso caso foram estabelecidas arbitrariamente entre 22 e 23 meses, mas que, nas realidades concretas, são variadas e se desencadeiam por um longo período de tempo e não mudam de repente. Os menores são mais tranqüilos, expostos à linguagem de poucas pessoas e sobretudo a uma menor incoerência nos turnos e nos registros dos falantes; por outro lado, os maiores deparam-se com registros, estilos, mudanças discursivas de grande variedade, com um trabalho mais árduo, portanto, com uma estimulação que é um desafio, são colocados diante de um conjunto heterogêneo de vozes, que requer empenho para ouvir e responder.

Nesse tecido complexo para quem deve acompanhar a criança na escuta e na compreensão, um elemento continua sólido e pelo menos potencialmente contínuo se não coerente: trata-se da mãe presente em cada caso. Embora não se trate de diferenças significativas no teste escolhido, podemos ver que a mãe está presente em diferentes medidas no conjunto dos episódios totais (verbais e não-verbais) dos dois grupos.

**Tabela 11:** Médias das porcentagens dos episódios com a presença da mãe

| | |
|---|---|
| Pequenos | 62 |
| Grandes | 57 |

**Tabela 12:** Médias das porcentagens dos episódios com verbalização materna

| | |
|---|---|
| Pequenos | 63 |
| Grandes | 56 |

Nos casos em que os valores dos dois grupos mudam, embora pouco, é como se a palavra materna quisesse ressarcir o pequenino da menor verbalização do seu entorno. A mãe aparece como o cenário de palavras eletivo e forte no qual se apresenta a conduta infantil no lar e, novamente, os pequeninos são apoiados em seu silêncio e no ouvir o discurso materno.

A presença paterna é mais reduzida na vida dos filhos pequenininhos em feriados e dias de festas: no total de 10 crianças, dois são filhos de mães sozinhas; para os outros oito, o pai participa da vida do pequeno em sete casos. Um deles mora na mesma casa em que a criança, mas durante a visita da pesquisadora permaneceu recluso num cômodo e não esteve em momento algum com a criança.

**Tabela 13:** Médias das porcentagens dos episódios com a presença da mãe

| | **Mãe** | **Pai** |
|---|---|---|
| Pequenos | 62 | 14 |
| Grandes | 57 | 14 |

A diferença entre as presenças maternas e paternas das sete crianças restantes é significativa (p = .01) demonstrando fortemente que é a mãe que sustenta o crescimento do filho.

Mas menores presenças significam também menos "diálogo" entre o adulto e a criança.

**Tabela 14:** Médias das porcentagens dos episódios de verbalização materna e paterna

| | **Mãe** | **Pai** |
|---|---|---|
| Pequenos | 62 | 38 |
| Grandes | 56 | 29,2 |

Esses índices dizem de modo mais claro que se durante a semana o pai estava menos presente, no tempo mais detalhado do fim de semana, ele não apenas está mais ausente do que a mãe como também fala menos com a criança. Pode-se, portanto, pensar que entre as condições de socialização verbal e de aprendizagem para comunicar às quais a criança está submetida há também a condição de estar exposta a um falar feminino, que durante os dias da semana se acentua nas horas em que está na creche, onde o pessoal é, na maioria das vezes, composto de mulheres e quem leva e busca as crianças são, principalmente, mães e avós. Um banho de comunicação no feminino, portanto, onde papéis, modos discursivos — que devem ser estudados muito além de ideologias da diferença — são próprios do mundo das mulheres em que no parentesco prevalece a maternagem e esse predomínio é encontrado também no estilo de comunicação extradomiciliar: esse é o quadro geral que mais uma vez será articulado e detalhado na análise das produções verbais dos adultos — sobretudo, mãe e pai — que acompanham a criança nos feriados e dias de festas.

Os lugares, elemento diferenciador dos episódios, também variam nos dois grupos. Deve-se dizer, porém, que, das 10 crianças, duas não saem de manhã, como se se desejasse deixá-las recuperar as energias e permitir que armazenem todas as informações que vivenciaram durante a semana muito variada. Com relação às crianças que saem, a Tabela 15 mostra a diversidade dos valores médios entre os dois grupos.

**Tabela 15:** Médias do número de lugares em que a criança passa a manhã

| | |
|---|---|
| Pequenos | 2 |
| Grandes | 3,2 |

A heterogeneidade dos valores mostra mais uma vez que os pequenos têm um "tratamento" diferente em relação aos seus colegas maiores. Mas se atribuirmos um ponto para cada variação de lugar, a importância dos valores e o seu significado mudam.

**Tabela 16:** Médias do índice de variação dos lugares

| | |
|---|---|
| Pequenos | 7 |
| Grandes | 6,5 |

A diferença dessas médias mostra que o pequenino "conhece" menos lugares, por outro lado, é mais deslocado fora e dentro de casa, experimenta uma mudança espacial mais intensa junto com quem está com ele, funde-se, por uma série de necessidades, principalmente por não se saber a quem confiá-lo, à vida do adulto, enquanto a manhã das crianças maiores é menos dispersa em lugares heterogêneos. Ao analisá-los, esses lugares confirmam mais uma vez a hipótese de uma gestão diferente do maior em comparação com o pequeno: nenhuma das crianças, de fato, é levada a um parquinho e cada uma dessas criancinhas fica em casa ou é levada com os pais à feira, às lojas, às ruas. São as crianças com mais de 23 meses — como foi dito — escolhidas por convenção na linha da mediana, que vão, em quatro casos num total de 5, a um parquinho ou a um aquário. É claro que, para um pequeno que mal sabe andar, que possui pais entediados, parece irrelevante o lugar fora da casa em que se encontra. Mas, talvez, assistir ao que fazem as crianças mais maduras, ver as suas brincadeiras, poderia satisfazer de modo mais pleno a vontade de socialização projetada nos próprios filhos pequenos que parece levar muitos casais jovens a colocar os próprios filhos na creche; poderia, enfim, articular melhor a pedagogia um pouco global e talvez inarticulada que vimos emergir dos dados na comunicação e que parece marcar o início dos processos formadores na primeiríssima infância.

Um último detalhe é que, em cada oito crianças que saem, cinco estão acompanhadas também pela mãe — sozinha em um caso —; as outras têm como parceiro de saída o pai, sozinho em apenas um caso, senão junto com uma irmã. As figuras de dentro e de fora parecem potencialmente diferentes mesmo que por traços muito genéricos; a mãe parece mandar em casa, enquanto o espaço extradomiciliar pertence a figuras menos assíduas na vida da criança.

Nessa gama de condições, o tempo infantil flui em ritmos, lugares, proximidades, deslocamentos, distanciamentos e reaproximações variados e numericamente altos. Além das indagações — muito complexas para poder dar agora uma resposta, mas nem por isso menos importantes — acerca de qual é o limite de tolerância dessas variações para um pequeno dessa idade e acerca do nível ótimo dessas variações para poder ter um valor formador, pode-se circunscrever o campo das perguntas quanto às modalidades da comunicação às quais o pequeno é exposto nessas suas movimentadas faixas etárias. A definição de interlocutores da criança, de lugares e tempos era o foco do nosso interesse à medida que o fio do tempo infantil se desenrolava e se organizava de acordo com certas ordens: na rede do antes e do depois de fases do dia, de espaços e de pessoas, o que emergia com força era a alquimia dos encontros com as suas continuidades e incoerências, o denso falar — ou, ao contrário, o laconismo da gestão — que se faz com o pequeno, o fato de esquivar-se ou de algum modo reduzir esse diálogo por parte de alguns personagens da casa, o fato de assumir o peso de estimular o seu ouvir evocar a sua palavra por parte de outros. Nesse entrelaçamento foi se esmorecendo a impressão que estava presente nos tempos longos da semana e na memorização das mães, de uma cronologia quebrada, e os episódios se recompuseram, sobretudo nos turnos de fala para nos sugerir que o ouvir — e certamente, o fazer-se claro — deviam deter-se no dizer dos adultos, nas suas modalidades, nas perguntas e respostas que eram feitas e dadas à criança. Mas a leitura e releitura das hemerografias nos mostraram que a palavra não é o único canal de comunicação dessa pedagogia da casa e o que é feito para as crianças pelas suas exigências naturais, os mimos que lhe são dados, o participar ativamente do que faz — tem uma importância forte, se entrelaça com a palavra e a complica, às vezes a substitui, institui-se por meio comunicativo nesses minúsculos mundos onde convivem falantes e crianças, e onde o léxico familiar não é apenas discursivo, mas também composto de sinais não verbais de ações e de linguagens do corpo.

## *2.2. As ações dos adultos com a criança*

A terceira parte da nossa pesquisa — de que trataremos brevemente — diz respeito especificamente às ações dos adultos em relação às crianças. A unidade continua sendo o episódio que permitirá comparações com a comunicação verbal; por ações se entendem os conjuntos de condutas voltadas para a criança, dotadas de sentido unitário, e passíveis de ser definidas segundo uma tipologia que indicaremos mais adiante.

Na tabela 17 são indicadas as médias dos valores percentuais — calculados no número total de episódios — das ações dos adultos.

**Tabela 17:** Médias das porcentagens de episódios que apresentam ações dos adultos com a criança

| | |
|---|---|
| Pequenos | 31 |
| Grandes | 20 |

A maior quantidade de ações com os pequenos não surpreende: o bebê é o sujeito da ternura por excelência e, portanto, deve ser gerido com ações mais afetuosas e menos imperativas. Mas não se pensa que a falta de competência refere-se ao uso ativo da linguagem e que para passar do uso passivo para o ativo é necessário, ao contrário, um suplemento de linguagem, não suprido por atos às vezes não-verbais. O cálculo das ações acompanhadas por palavras confirma essa suspeita de uma carência de "educação para a competência verbal ativa" para os menores. Na tabela 18 estão indicadas as médias das porcentagens dos episódios com ações do adulto acompanhadas de palavras, considerando igual a 100 os episódios com ações.

**Tabela 18:** Médias das porcentagens de episódios com ações e verbalização

| | |
|---|---|
| Pequenos | 49 |
| Grandes | 75 |

Quem comunica mais por meio dessas ações? A tabela 19 mostra os valores percentuais dos sujeitos comunicantes.

**Tabela 19:** Médias das porcentagens de episódios com ações e verbalização dos atores adultos

| | Mãe | Pai | Outros |
|---|---|---|---|
| Pequenos | 69 | 29 | 2 |
| Grandes | 57 | 33 | 10 |

Mais uma vez, a mãe é o sujeito mais agente, enquanto o pai é um ator mais envolvido com as crianças maiores e não com os bebês.

Mesmo considerando os episódios de ação e verbalização (as porcentagens foram calculadas sobre o total dos episódios de ação e verbalização), vemos que essas relações não mudam.

Outros possíveis comentários referem-se aos tipos de ações que se distinguem em ações de:

— ROTINA (pegar a criança no colo para limpá-la, dar-lhe comida...);

— AFETO (acariciar, embalar, beijar, pegar no colo...);

— BRINCADEIRA (jogar a criança para o alto, fazer cócegas...);

— DISTANCIAMENTO (afastá-la de si).

A tabela 20 indica as porcentagens desses vários tipos de ações calculadas sobre o total dos episódios com ações.

**Tabela 20:** Médias das porcentagens dos episódios com ação de acordo com o tipo de ação

| | Rotina | Afeto | Brincadeira | Distanciamento |
|---|---|---|---|---|
| Pequenos | 49 | 38 | 12,8 | 0,2 |
| Grandes | 29 | 32 | 24 | 5 |

Um quadro pedagógico surge desses índices, no qual, no caso dos menores, prevalecem as condutas de rotina, enquanto, no caso dos maiores, a brincadeira é a conduta dominante. Além disso, no caso dos maiores, há um valor baixo, mas relevante, com relação ao distanciamento, como se a criança maior pudesse ser gerida também de formas explicitamente inibidoras. Os bebês parecem relegados a um mundo de atos de cuidado e de carinho, formas relacionais que são mais reduzidas no caso dos maiores, destinatários de ações menos ligadas ao cuidar, porém mais vistos como parceiros de relações ativas. A brincadeira é o fenômeno mais significativo: na experiência lúdica, a criança não é apenas destinatário de carícias e de atenção, mas é um sujeito que se considera como capaz de responder e perguntar.

De quem são esses vários tipos de ações? Considera-se que os dois grandes "atores" desses *shows* cotidianos de mímica sejam o pai e a mãe, visto que outros agentes parecem irrelevantes a esse respeito.

**Tabela 21:** Médias das porcentagens de episódios com ação de acordo com os vários tipos de ações diferentes da mãe e do pai

**PEQUENOS**

| | Rotina | Afeto | Brincadeira | Distanciamento |
|---|---|---|---|---|
| Mãe | 91,8 | 73 | 0,3 | 0 |
| Pai | 0,1 | 0,3 | 1,1 | 0,3 |

**GRANDES**

| | Rotina | Afeto | Brincadeira | Distanciamento |
|---|---|---|---|---|
| Mãe | 62 | 4,8 | 5,5 | 5,7 |
| Pai | 3,8 | 5,2 | 4,5 | 4,3 |

O microcosmo familiar é aqui diferenciado por idade e papéis parentais; os pais são mais ativos com as crianças maiores, e a mãe é fortemente envolvida nas rotinas, principalmente com o pequenininho; o pai é mais enérgico no distanciamento e a mãe, mais terna. E, mais uma vez, os pequeninos são destinatários de quantidades disformes de ações em comparação com os maiores: são mais intensamente geridos nos cuidados, menos envolvidos nas brincadeiras, menos destinatários de gestos e atos paternos, quase nunca repreendidos pelos pais. Por outro lado, os maiores são mais claramente alvo de práticas inibitórias, e mais freqüentemente instituídos como parceiros de brincadeiras. Dessas ações transparecem imagens de infância diversificadas por idade, das quais dependem e às quais se juntam compromissos formadores heterogêneos, como se a história pedagógica do primeiríssimo tempo de vida tivesse bifurcações. Quais as divisões, as passagens, os inícios e as conclusões desse itinerário educativo? Esse conjunto de perguntas deve ser transformado em atitudes e respostas mais exaustivas a investigações mais profundas e menos indiciárias.

Mesmo com o reduzido material de dados de que dispomos, restam muitos problemas em aberto. Devem ser analisadas as ações verbais dos adultos dirigidas às crianças em busca de palavras, registros lingüísticos, conteúdos e, sobretudo, é necessário acompanhar a própria criança, detalhando e classificando os episódios nos quais se segmentou o seu dia, com vistas a obter não apenas uma reconstituição dos atos da criança e dos atos dos adultos destinados a ela, como também uma configuração dos turnos de iniciador e de respondente.

Em todo caso, devemos reforçar a natureza indiciária da nossa pesquisa que se desenvolveu através de vestígios, valores mínimos, índices com diferenças pouco significativas, na tentativa de delinear padrões comunicativos, diferentes para grandes e pequenos, estilos educativos maternos e paternos, fragmentos de uma educação que não parece emergir no nascimento da criança, mas lentamente como um trabalho que se desenvolve com o próprio crescimento da criança. O que desejamos a nós mesmas é que esse trabalho de investigação possa oferecer alguns elementos para responder às questões que são de natureza teórica, mas exigem também muitas fundamentações empíricas sobre uma pedagogia da primeiríssima infância, as suas "didáticas", os seus instrumentos até hoje tão ocultos que parecem inexistentes.

## Textos citados

BARKER, R. G.; WRIGHT, H. F. *One boy's day. A specimen Record of behavior.* [s.l.], Archon Books, 1966.

BARKER, R. G. et al. "Day in the life os Mary Ennis". In: Barker, R. G. et al. *Habitats Environments and Human Behavior.* San Francisco, Jossey-Bass, 1978.

BECCHI, E. & BONDIOLI, A. "Dove andiamo a trovare il bambino?" In: Becchi, E. (org.). *Manuale della scuola del bambino dai tre ai sei anni.* Milão, F. Angeli, 1995.

BECCHI, E. & BORANDO, A. "La quotidianità domestica di bimbi piccini: 1. Le circostanze del comunicare", Ikon. *Forme e processi del comunicare,* 36, 1998, pp. 11-40.

BONDIOLI, A. "Dove trascorre la vita della primissima infanzia: um'esplorazione". In: Bondioli, A. (org.). *Il bambino e gli altri. Ricerche educative sulla prima età.* Bergamo, Juvenilia, 1990, pp. 109-135.

SIEGEL, S. & CASTELLAN, N. J. JUNIOR. *Statistica non parametrica,* Milão, Mc Graw Hill, 1992.

# Capítulo 8

# O TEMPO NO COTIDIANO DAS CRIANÇAS

*Helga Zeiher*

Em nossa sociedade, existem estruturas organizadas intencionalmente para a vida infantil. A separação das crianças da vida profissional dos adultos, a instituição de escolas, as idéias relativas à educação e à aprendizagem inspiram-se em teorias de pedagogos e políticos, em um projeto de proteção e de educação próprio da idade moderna, que foi permeando, de maneira crescente, a vida infantil no século XX. Mas está cada vez mais claro que esse projeto tem um poder limitado, visto que a separação social da infância está ligada necessariamente aos meios próprios da organização da sociedade adulta, da qual se quer proteger a própria infância, colocando-a em instituições apropriadas. Mais do que isso: o próprio cotidiano infantil extrapola o que os pedagogos criaram para a própria infância.

Trata-se de um olhar sociológico sobre a infância e sobre as crianças, um olhar que ultrapassa, sob muitos aspectos, as finalidades dos projetos de proteção e de educação das crianças. Na sociologia da infância não tratamos principalmente de problemáticas pedagógicas, de como as crianças devem desenvolver-se, de como se tornarão e, portanto, de como devem viver hoje, mas interessa-nos como elas vivem de fato e como é efetivamente a infância na nossa sociedade. Isso significa que não interessa somente o que os adultos querem que as crianças façam, mas também o que fazem as próprias crianças, o fazer, o querer e a compreensão de si mesmas das crianças. E principalmente, nas pesquisas de sociologia da infância, não se consideram apenas as condições e as circunstâncias que os adultos oferecem intencionalmente para as crianças, mas tudo o que estas encontram na sua vida cotidiana. E, enfim, essa abordagem sociológica não se limita às crianças e à infância, mas coloca-as num âmbito geral de desenvolvimento social. O projeto de proteção e de educação que mencionei é estudado enquanto fenômeno das relações sociais entre as gerações e no contexto de suas atuais modificações.

Pesquisas desse tipo têm como objeto atividades das crianças enquadradas nas ocasiões da sua vida cotidiana.[1] Mas o trabalho do sociólogo não se limita a descrever essas atividades, nem como as crianças, nas suas atividades, confrontam-se com os elementos do seu ambiente; ao contrário, ele tende a identificar as dinâmicas sociais que se exprimem nas possibilidades de ação e nas ações efetivas das crianças. Mas como os nexos entre o agir dos indivíduos e os processos sociais podem ser investigados? Nesse texto refiro-me a um projeto de pesquisa relacionado com esse nexo, em que nos valemos das categorias de tempo e de espaço para analisar o agir cotidiano concreto de algumas crianças (Zeiher e Zeiher, 1994). O projeto propunha-se investigar a relação entre a organização espaço-temporal do cotidiano e o modo como as crianças organizam a sua vida diária. Por um lado, nas estruturas temporais e espaciais e nos relacionamentos do cotidiano ocorrem processos de desenvolvimento social — por exemplo, o projeto educativo dos nossos dias produziu um esquema de horários bastante rígido para o dia da criança, lugares fechados e lugares livres para as próprias crianças. Por outro lado, as definições de tempos e de lugares, com as suas distâncias e as suas fronteiras, limitam necessariamente os modos como os indivíduos devem confrontar-se com as suas ações. Esse confronto realiza-se sempre que, no decorrer do dia, é preciso decidir — consciente ou inconscientemente — sobre uma nova atividade.

Toda atividade começa num determinado momento e é preciso decidir se se deve dar início *hic et nunc** justamente a essa atividade.

---

1. Na Alemanha, realizaram-se pesquisas também em relação às crianças na faixa etária média (Deutsches Jungendinstitut, 1993; Du Bois-Reymond e col., 1994).

* Expressão latina que significa "aqui e agora", "imediatamente" (N. T.).

Essa decisão pode ser consciente ou inconsciente, mas acontece em todos os casos. A seqüência das atividades realizadas por uma pessoa durante um dia corresponde à seqüência de decisões que levam justamente àquela ação. A gestão cotidiana da própria existência desenvolve-se na seqüência das decisões sobre as próprias atividades. Toda pessoa, no decorrer do tempo, elabora um modo particular de decidir, um modo e uma forma determinada de gestão da existência (Voss, 1991; Zeiher, 1996; Zeiher e Zeiher, 1994). Toda decisão sobre as atividades tem pressupostos, que são próprios de cada pessoa, tem raízes na experiência da sua vida até aquele momento, nas suas capacidades, nos seus motivos, nos seus objetivos. E surge nas condições de cada situação específica. Toda decisão sobre as atividades e, numa perspectiva de longo prazo, também a modalidade individual de gerir a própria existência é produto do confronto das pessoas com as circunstâncias do cotidiano.

No meu texto vou me deter em uma parte específica da gestão cotidiana da própria existência, no modo como é realizada por crianças a sua gestão social da existência. De que maneira as crianças organizam e coordenam o seu tempo, quando querem estar juntas e brincar com outras crianças fora do horário da escola? Todas as crianças, quando brincam juntas, produzem entre elas, no decorrer do tempo, um modo de encontrar-se em determinados lugares em tempos igualmente determinados. Esses processos sociais coletivos estão inseridos nas condições e nas possibilidades determinadas pelo meio social.

Em minha pesquisa realizei estudos de caso de crianças de dez anos em muitos bairros da zona oeste de Berlim.[2] Os materiais mais importantes são as seqüências completas de atividades de sete dias, que cada criança registrou, e entrevistas intensivas com cada criança, feitas com o objetivo de esclarecer as suas decisões sobre as atividades. No texto tratarei de dois garotos de dez anos — Daniel e Thomas — que vivem cada um em um bairro diferente da cidade.

---

2. Foram realizadas pesquisas em outros três bairros da zona oeste de Berlim, em uma cidadezinha da Alemanha Ocidental (Schick, 1992) e em dois bairros da zona leste de Berlim (Kirchgöfer, 1998).

## 1. Dois modos de passar o tempo

### *1.1. Daniel: uma olhada no que acontece ao redor*

Daniel, um menino de dez anos, mora em uma das zonas operárias no centro de Berlim, construída há pelo menos cem anos. Muitas coisas mudaram nos últimos vinte anos. As casas foram modernizadas, um parque foi reformado e foram construídas numerosas áreas de lazer para as crianças. Em uma velha zona edificada só é possível construir áreas de lazer onde restou espaço livre entre as casas. Assim, muitos lugares dedicados às crianças foram construídos um colado ao outro: dois grandes espaços com diversos equipamentos para brincar, dois campos de futebol com redes de proteção altas ("cercados para futebol") e tudo isso muito perto de um centro recreativo para a juventude, onde há um prédio com ambientes para grupos e com laboratórios, além de um pequeno campo de futebol e um lugar para brincadeiras de construção, confiado aos cuidados de educadores, onde se encontram velhas madeiras de construção e as crianças podem emprestar os materiais. Essa zona da cidade, tão abundantemente dotada de espaços para brincar, atrai muitas crianças das redondezas. Ao mesmo tempo mostra para as crianças que elas não são desejadas em outros lugares. Pais e professores advertem-nos contra os perigos do tráfico e da criminalidade no parque; além disso, é proibido andar de bicicleta no parque e elas não podem brincar nas áreas comuns dos quarteirões porque fariam muito barulho.

Daniel, de dez anos, cresceu no meio desse ambiente de crianças. De tarde, quase todos os dias, nas cinco ou seis horas entre o almoço e o jantar em casa, ele fica fora com as outras crianças. Faz parte de um grupo de pelo menos treze garotos, todos entre oito e treze anos. Dá para ter uma idéia de como se desenrola a vida cotidiana a partir dessas anotações de Daniel. Por exemplo, nessa tarde:

Daniel encontra Jens na volta da escola para casa. Jens esperou na área de lazer diante da casa de Daniel, porque queria brincar com ele de pingue-pongue. Mas Daniel precisa primeiro ir para casa almoçar. Promete que vai encontrá-lo logo depois. É o que faz. Logo, outros dois amigos se unem a eles. Depois de duas horas de partidas de pingue-pongue os outros vão embora. Daniel fica, ainda tem muito tempo livre antes de voltar para casa, de noite. Nas proximidades existem duas possibilidades: o campo de futebol do centro recreativo e o lugar para construções do mesmo centro. Daniel é um apaixonado jogador de futebol. Decide, por isso, ir ao campo de futebol. Lá não há ninguém e nem chega alguém enquanto Daniel fica ali e olha em volta procurando possíveis companheiros de jogo. Então, percebe alguns amigos seus no lugar para as construções. Estão construindo cabanas com a madeira de demolição, porque em nove dias acontecerá ali uma festa das crianças seguida de pernoite nas cabanas que eles construíram. Daniel, nos anos anteriores, já participou das construções. Agora há a possibilidade óbvia de participar da construção. Daniel toma essa decisão. Depois de aproximadamente uma hora, vê no outro lugar, no campo de futebol, um grupo de garotos. Imediatamente volta a sua vontade de jogar futebol e ele corre para lá. Mas encontra ali um garoto com quem brigou ontem. Por isso não pode participar do jogo hoje. Volta para a construção das cabanas e fica lá até que o lugar é fechado, às 19h.

*No início dessa tarde Daniel não sabia com precisão o que queria fazer hoje, além do encontro com Jens para a partida de pingue-pongue. Daniel sempre toma a decisão de fazer uma coisa nova, quando estava acabando aquela em curso — como depois da partida de pingue-pongue — ou ainda, quando algo convidativo "saltava diante de seus olhos", como a possibilidade de poder jogar futebol. Daniel olha em volta, descobre uma possibilidade e dirige-se logo para lá. O seu modo de tomar decisões é totalmente ligado ao momento específico em que passa para uma nova atividade. Está relacionado com o que acontece ao seu redor exatamente naquele momento. Igualmente simples é a estrutura temporal da sua tarde: a idéia de uma atividade e o início desta coincidem em termos de tempo. Independentemente dos percursos muito curtos que ele faz de um lugar para outro, não estão presentes aqui ações preparatórias e programações.*

## *1.2. Thomas: antecipar e organizar o que se tem para fazer*

Thomas mora em uma velha zona bastante burguesa, embora não particularmente rica, de Berlim. No raio de aproximadamente um quilômetro de distância da sua casa, existem apenas pequenas áreas de lazer para crianças, em número reduzido, espalhadas aqui e ali e pouco interessantes para meninos de dez anos. Thomaz acha interessante apenas alguns lugares mais distantes: um campo esportivo, uma piscina, o parque da cidade e a margem do canal. Thomas e outras crianças usam as ruas das redondezas quase unicamente para caminhar ou para andar de bicicleta.

Para a tarde de que quero falar, Thomas planejou uma ida à margem do canal, onde ele gosta de passear e de observar os animais. A margem do canal está a mais ou menos meia hora da sua casa, caminhando a pé. Para fazer esse passeio, Thomas precisa procurar, já de manhã na escola, um amigo que vá com ele. Porque sem companhia ele não se diverte e seus pais não querem que ele faça todo aquele caminho sozinho. Entre as crianças da classe de Thomas — meninos e meninas — é costume procurar de manhã na escola um colega ou uma colega para a tarde e combinar o lugar de encontro, a hora e o tipo de programa. À tarde, de casa, por telefone, confirma-se o encontro, depois de ter se certificado de que a família também concorda com o programa. Normalmente as crianças passam as suas tardes somente em duplas. Toda a tarde é "dedicada" a um colega e não é possível reunir um terceiro a eles. Thomas passa os seus dias ora com esse, ora com aquele amigo, ora nesse, ora naquele lugar. Com um amigo gosta de fazer passeios à margem do canal, na casa de outro brinca com o trenzinho e muitos são os colegas ideais para andar juntos de bicicleta ou ir à piscina. Thomas tem alguns interesses acentuados, que pode realizar, desse modo, junto com outras crianças.

Hoje à tarde Thomas marcou encontro com Markus. Depois do almoço, em casa toca o telefone. Mas não é Markus, é Stefan, que pergunta a Thomas se hoje ainda está livre para brincar com ele. Thomas recusa porque já "marcou" e fica esperando o telefonema de Markus. Enquanto espera, deita-se na cama e lê. Finalmente, Markus confirma o encontro. Com isso, também fica claro para Thomas que não poderá ver um programa de televisão que lhe interessa. Pede à mãe que grave o programa para ele logo mais, à tarde, porque no vídeo não é possível programar o tempo. Percorre então o trecho de meia hora para encontrar Markus, que mora perto da margem do canal. Mas não o encontra. Isso faz com que seja necessário tomar uma decisão. Não existem duas alternativas possíveis para ele: não vai sozinho para a margem do canal porque nunca fez isso, porque sozinho não se diverte, porque sozinho se sente inseguro e porque os seus pais não querem. Não procura um outro colega, porque todos os seus amigos estão a pelo menos meia hora de distância de onde se encontra, e porque, pelas regras dos encontros, hoje não podem mais ser encontrados. Descarta a alternativa de voltar imediatamente para casa, porque ainda espera encontrar Markus. Depois de 20 minutos de procura, Thomas decide retomar o caminho de casa. As alternativas possíveis aqui e agora, ou seja, de ir sozinho brincar na área de lazer no parque ou de vagar sem destino, não entram no seu repertório de atividades e não se adaptam nem mesmo à sua desilusão. De novo em casa, usa o tempo inesperadamente sem compromissos para ver o programa de televisão que os pais gravaram para ele.

*Que importância tem o tempo no modo como Thomas decide suas atividades? Quase tudo o que Thomas faz nessa tarde foi planejado por ele algum tempo antes. Pensou no passeio e o programou. Marcou encontro com Markus e o esperou. Por isso disse não a Stefan. Percorreu o longo trajeto para ir ao encontro de Markus. Já sabia há tempos do programa de televisão e queria vê-lo. Ele tinha se planejado, algumas horas antes, para poder assistir ao programa, apesar do passeio.*

Thomas não pode, como Daniel, confiar simplesmente que o mundo lhe ofereça sempre oportunidades adequadas, quando ele está disponível, para as atividades que aprecia. Thomas precisa pensar de manhã quais dos seus interesses podem ser concretizados à tarde. Ele precisa prever quais serão as suas diversões e quais possibilidades estarão disponíveis no seu ambiente. Deve estabelecer as condições a serem concretizadas desde já com esse objetivo e precisa tomar decisões. Com antecedência planeja as possibilidades para a sua vida e faz preparativos nesse sentido.

Esses processos podem ser muito complexos. Porque ao planejar uma atividade pode ser necessário conciliar com ela no tempo outras atividades futuras e também fazer preparativos adequados. Por exemplo, o passeio planejado tem conseqüências em relação ao programa na televisão; para ele também é necessário planejar antecipadamente. Na fase entre o início do planejamento e a realização de uma atividade surgem novas condições e novas possibilidades. Por exemplo, quando o outro amigo, Stefan, telefona. Às vezes, na realidade as coisas acontecem de maneira diferente do que foi previsto e planejado. Por exemplo,

Markus não vai ao encontro. É preciso, então, planejar novos objetivos e examinar novas possibilidades.

Diferentemente de Daniel, Thomas precisa interagir conscientemente com o tempo de uma outra maneira. Precisa controlar o seu tempo para poder respeitar os seus encontros e os compromissos, da maneira como foi combinado.

## 2. Tempo e espaço nos dois ambientes sociais

Quais são as motivações desses modos tão diferentes de conduzir a vida cotidiana? Toda a vida concreta desenrola-se não apenas no tempo, mas também em determinados lugares no espaço. As crianças vivem juntas em determinados ambientes e em determinadas situações sociais. Nas possibilidades particulares do ambiente elas formam o seu comportamento em relação aos outros. Por isso, só podemos compreender o modo como as crianças se relacionam com o tempo se também consideramos as condições ambientais em que elas vivem. Antes de aprofundar as peculiaridades do ambiente local de Daniel e de Thomas, gostaria de acrescentar algo em relação aos desenvolvimentos sociais das condições ambientais e temporais para as crianças. Porque esses desenvolvimentos gerais deram, de um modo ou de outro, as marcas para os ambientes locais particulares.

Um fenômeno comum da época moderna é a especialização de estruturas para determinados fins; é, portanto, a diferenciação entre estruturas cada vez mais especializadas para um fim específico. As crianças dispõem hoje de uma série de estruturas especiais: numerosas áreas de lazer (estruturas para crianças pequenas, estruturas para atividades motoras, estruturas para atividades psicocomportamentais, lugares para brincadeiras ao ar livre), creches, centros de lazer, instalações esportivas. As estruturas restantes são especializadas em outros setores e em geral são inacessíveis ou perigosas para as crianças. No panorama urbano as estruturas para as crianças são esparsas como ilhas, geralmente muito distantes (como no bairro onde mora Thomas) ou então coladas umas às outras (como no bairro de Daniel). Esse desenvolvimento do espaço tem conseqüências duplas para o tempo das crianças. Em primeiro lugar, a distância ou a proximidade implicam conseqüências. Grandes distâncias de espaço significam longos percursos. Longos percursos exigem muito tempo e freqüentemente criam uma dependência dos meios de transporte e de seus horários. Por isso, ninguém percorre longas distâncias "por acaso", mas combinam os encontros com antecedência. Em segundo lugar, em alguns lugares para as crianças existem elementos determinantes, no que diz respeito ao tempo. As estruturas destinadas ao lazer das crianças ou as associações esportivas trabalham, geralmente, com programas nos quais é preciso inscrever-se muito tempo antes e que têm prazos semanais fixos. Em contrapartida, alguns outros lugares para o lazer, como as áreas de lazer, por exemplo, não estão vinculadas a horários, e isso significa que as crianças podem ir lá sempre que quiserem.

Os ambientes locais de Daniel e Thomas diferenciam-se de maneira muito acentuada no tipo de relações de espaço. Gostaria de aprofundar esse tema para explicar o motivo pelo qual Daniel e Thomas têm um modo tão diferente de interagir com o tempo.

## *2.1. Daniel: lazer em um lugar fixo*

Os lugares para brincar no bairro onde Daniel mora são muito próximos entre si. Em seu conjunto, esses lugares formam uma grande ilha, muito freqüentada pelas crianças. Todas as oportunidades de atividades oferecidas aqui para as crianças não são determinadas pelo tempo, ao menos à tarde. É possível, porém, jogar pingue-pongue e futebol só quando estão presentes no mesmo momento diversas crianças ou quando elas têm vontade. Daniel, por exemplo, não gosta muito de construir cabanas sozinho. Já que o número de crianças que em geral freqüentam esses lugares é muito elevado, Daniel só precisa ir até lá e olhar ao redor quando quer jogar. Quando ainda não chegou nenhum amigo, ele espera um instante ou vai chamar um de seus amigos em casa. O menino sozinho não pode prever e só pode controlar de maneira limitada quando e onde acontecerá algo de novo, quem vai se unir a ele, quanto vai durar uma situação de grupo. As crianças deslocam-se de um lado para outro, sozinhas ou em grupos pequenos. A programação do tempo seria, nesse caso, inadequada e inútil. Não apenas os lugares, mas também os contatos sociais não têm vínculos de tempo, isto é, não estão ligados a momentos estabelecidos. Oportunidades podem surgir a qualquer momento.

Os lugares, isto é, os centros recreativos e as áreas de lazer têm aqui a função de elemento catalisador para acontecimentos sociais que surgem espontaneamente no tempo. As crianças ligaram a sua vida social a esses lugares no espaço. Como as oportunidades oferecidas nessa "ilha das crianças" são tão atraentes, as crianças limitam o âmbito das suas atividades ao que lhes é oferecido. Daniel e seus amigos fazem, dia após dia, sempre as mesmas coisas: em especial, jogam pingue-pongue e futebol, constroem cabanas e dedicam-se a outras atividades organizadas pelos animadores no centro recreativo: ir juntos para a piscina, fazer trabalhos manuais no laboratório. Por isso, a vida dessas crianças diferencia-se da vida nos grupos de brincadeira tradicionais da vizinhança. Porque o que as crianças fazem foi programado com antecedência por adultos. Essa gestão por parte dos adultos acontece, porém, de maneira indireta: através da especialização de lugares e objetos para determinadas atividades, bem como no relacionamento direto entre os animadores e as crianças, não somente por meio de normas, mas através da "animação". As crianças não têm nenhuma necessidade de fugir da limitação e inventar outras atividades ou procurar longe. O mundo infantil para as crianças que se encontram no espaço próximo é muito rico e estimulante.

O fato de as crianças se submeterem a essa limitação de atividade deve-se principalmente a essa liberdade temporal. Porque isso deixa a cada criança a liberdade de decidir a qualquer momento sobre o seu tempo. Essa liberdade em relação ao tempo é muito importante para as crianças que observamos. Daniel e seus amigos não se deixam levar. Os educadores do centro recreativo, entre os quais os treinadores de futebol, procuraram manter cursos com horários regulares. Mas as crianças não obedeceram aos horários e as tentativas naufragaram. Outras estruturas nessa zona de Berlim fizeram experiências análogas. As crianças ficavam esperando muito cedo diante da porta ou ainda chegavam muito tarde, apresentavam-se apenas esporadicamente e repentinamente paravam de vir. Dado que as estruturas não queriam perder a sua clientela, acabaram por adaptar as suas formas do tempo àquelas das crianças. Renunciaram a manter cursos com horários fixos. Assim, esse ambiente local desenvolveu um tipo próprio de instituição, que aceita o modo de vida adotado pelas crianças e o apóia de fora.

## *2.2. Thomas: estabelecer tempos no espaço livre*

O bairro de Thomas revela um recorte urbano diferente daquele de Daniel. Os lugares destinados às crianças são esparsos aqui e ali. Os lugares aonde Thomas vai à tarde e fica junto com seus amigos ficam em geral muito distantes uns dos outros. Os lugares de Thomas não têm nenhuma relação espacial na paisagem urbana. Seu espaço vital individual não corresponde a um segmento real de espaço. Thomas está como que "fechado em uma ilha". Isso significa que seu espaço individual é composto pela combinação de lugares isolados, ilhas no espaço da cidade, que Thomas visita um depois do outro. Esses lugares estão ligados entre si apenas no seu modo de transcorrer a vida, no seu tempo. O mesmo vale para as atividades, que têm, de quando em quando, as suas próprias colocações. Mesmo o contexto social dos seus amigos não possui, à tarde, nenhum local fixo onde todos possam encontrar-se. Todas as crianças estão juntas somente de manhã, na escola. De tarde podemos vê-los passeando em duplas pelo bairro: brincam em dois nas casas ou nas áreas para lazer e se deslocam em dois pelas ruas. Todas as tardes as crianças escolhem sempre parceiros diferentes da turma de amigos da escola.

Quando não é possível realizar e gerir um relacionamento social dirigindo-se ao lugar, é necessária a atividade no tempo. Já que as possibilidades de Thomas não se encontram diretamente no espaço, sob os seus olhos, ele precisa antecipar as oportunidades com a imaginação e o pensamento. Thomas deve desenvolver objetivos específicos, fazer escolhas antecipadamente, de maneira consciente, e tomar decisões. Ele tem de programar o seu tempo de maneira precisa e tem de marcar encontros com os amigos se não quiser ficar sozinho durante a tarde.

As limitações e as liberdades da vida cotidiana são, nesse caso, completamente diferentes das de Daniel. A obrigação de programar limita a espontaneidade temporal de Thomas e de seus amigos. No momento em que eles criam para si oportunidades para o futuro, como marcar encontros, vinculam-se a determinadas possibilidades e excluem outras, que talvez pudessem também ser possíveis fora das previsões. Na tarde de Thomas que descrevemos podemos ver os lados negativos desse vínculo. Visto que Thomas tem um encontro com Markus, não pode aceitar a proposta de Stefan. Depois, quando Markus não respeita o encontro, Thomas não tem mais nenhuma possibilidade porque Stefan também não pode mais ser encontrado.

Sob um outro aspecto, a vida relacionada ao tempo oferece maiores liberdades do que a ligada ao espaço. Quando Thomas procura oportunidades de atividade e contatos com outras crianças, pode fazê-lo em um ambiente cujo espaço é superior. Ele não está, como Daniel, limitado ao que um determinado espaço restrito contém. Thomas pode, ao contrário, escolher em um ambiente amplo, o que ele mesmo gostaria de fazer e com quais crianças quer encontrar-se. Não sendo condicionado por um espaço restrito perto, dispõe de maiores escolhas. E, não estando limitado ao que encontra, pode seguir tendências, interesses, objetivos pessoais, desenvolvendo-os de maneira mais livre.

## 3. Estrutura do mundo cotidiano e organização do tempo

Daniel e Thomas com seus amigos conseguem levar uma vida social à tarde. O que fazem os diferencia no que diz respeito ao modo de interagir com o tempo. Procurei relacionar essas diferenças com as diferentes situações ambientais nos dois bairros urbanos. Para concluir, gostaria de aprofundar essa explicação sobre o espaço em relação ao tempo e, justamente, em relação à vida dessas crianças. Nas suas histórias, ambas as crianças e seus amigos tiveram o apoio de adultos para poder brincar em companhia de outras crianças. Em cada ambiente local, os apoios são diferentes e têm proveniência diferente: em um ambiente provêm da iniciativa pública, no outro dos pais.

No bairro de Daniel, a maior parte dos pais nunca se interessou, em especial, pelo modo como seus filhos encontravam outras crianças para brincar. Consideravam que essa era uma questão pessoal das crianças. Alguns eram muito ansiosos e não permitiam que as crianças brincassem fora. Outros, como a mãe de Daniel, deixavam seus filhos saírem já aos cinco anos. Eles podiam fazer isso, porque fora havia adultos que cuidavam, de maneira profissional, das crianças. O órgão para a assistência aos menores da cidade tinha dotado esse bairro de numerosos lugares reservados às crianças e no centro recreativo os animadores ocupavam-se deles. Aqui eram criadas condições ligadas ao espaço, em que as crianças podiam encontrar-se para brincar. Daniel e seus amigos tinham desenvolvido aqui os comportamentos descritos com relação ao espaço e aos grupos.

No bairro de Thomas, os pais da classe média que aí moravam adotaram um estilo de vida cotidiana, relacionado ao tempo que era habitual quando as crianças eram pequenas. Esses pais consideraram como tarefa sua dar às crianças boas possibilidades de desenvolvimento e de aprendizagem, incluindo entre essas também as possibilidades de aprendizagem social na brincadeira com os seus pares. Quando Thomas era pequeno, sua mãe levava-o de um lugar para outro, geralmente de carro: em áreas de lazer, em um grupo de brincadeiras, na piscina, nas casas de seus amigos. Outras mães nesse bairro fizeram o mesmo. Essas mães criaram redes de contatos para proporcionar aos seus filhos companheiros de brincadeira e marcavam encontros. Quando se tornaram grandes, as crianças criaram a sua vida social com os métodos de organização do tempo aprendidos com suas mães.

Esses dois ambientes sociais, tanto o de Daniel como o de Thomas, têm em comum algo de especificamente moderno. Foram criadas com antecedência — embora por pessoas e em lugares diferentes — as condições necessárias para que as crianças pudessem estar juntas à tarde:

- Daniel e seus amigos encontram essas condições no espaço. Os construtores de áreas de lazer e os animadores trabalharam com antecedência para as crianças. Eles pensaram, programaram, organizaram e criaram assim a grande e bem equipada "ilha das crianças".
- Thomas e seus amigos criam, eles próprios, cotidianamente as condições para a sua vida social. Com a ajuda dos pais organizam pessoalmente o seu tempo. Aqui a reflexão, a programação e a organização ocorrem dentro de espaços de tempo de um ou mais dias planejados no futuro antecipado pelos indivíduos.

Confrontamo-nos aqui com dois aspectos de condições de vida modernas. Por um lado, o mundo cotidiano material-ambiental é dotado de muitíssimas estruturas especializadas. Por outro, as pessoas são autônomas na gestão do cotidiano. Dentro do permitido em premissas externas pessoais, elas projetam individualmente os seus planos de vida e organizam a sua vida cotidiana de acordo com os interesses e os objetivos pessoais.

Os dois modos com os quais os adultos se mobilizam pelas crianças correspondem a esses dois aspectos. Eles produzem, às vezes, possibilidades diferentes para as crianças. Atividades no espaço, a organização no espaço urbano de lugares para crianças e equipamentos para esses lugares tornam possível a formação de grupos infantis. A atividade dos pais tem uma finalidade de fato diferente, visto que em família a criança se encontra com toda a sua história de vida e na sua individualidade peculiar. Justamente por isso a atividade dos pais pode promover a estruturação do tempo individual da existência.

Os parâmetros fundamentais de Daniel e Thomas encontram-se em duas posições diferentes. Seus estilos de vida são unilaterais: para Daniel e para seus amigos falta a possibilidade de dispor conscientemente do tempo. Thomas e seus amigos têm possibilidades menores de tomar decisões espontâneas sobre suas atividades no tempo. Os modos de viver dessas duas crianças, todavia, são marcados pelo fato de que podem, na realização da sua vida cotidiana, recorrer à iniciativa e à autodeterminação do próprio tempo. Para essas crianças, as premissas foram colocadas graças às possibilidades bem definidas que os pais têm proporcionado. Em ambos os casos estão presentes possibilidades que não determinam o tempo das crianças e, portanto, as estimulam a decidir, de maneira autônoma, sobre o seu tempo: Daniel encontra lugares que permanecem abertos, isto é, acessíveis a qualquer momento, e Thomas aprendeu com seus pais e teve ajuda para dispor de maneira autônoma de seu tempo.

Por outro lado, devem ser consideradas outras atividades dos adultos para a vida extra-escolar das crianças que não foram incluídas nesse trabalho. Por parte das instituições públicas existem vários cursos e organizações para o treinamento esportivo que não só têm sede fixa, como também horários fixos. Por parte dos pais existem atividades que são relacionadas a essas oportunidades. Os pais ajudam as crianças na escolha dos cursos, cuidam para que os horários sejam respeitados pelas crianças e as levam de carro. As crianças, cujo tempo extra-escolar é ocupado predominantemente pela participação nessas atividades, têm possibilidades menores de autodeterminação temporal da sua vida cotidiana. Mas, justamente porque na vida cotidiana o planejamento fixo do tempo deixa pouca liberdade, não deve ser condenado. Essas crianças têm, também, relativamente menos oportunidades para intensificar o seu relacionamento com as outras crianças que encontram no âmbito das organizações esportivas. Em cada um desses lugares reencontram-se, com efeito, sempre as mesmas crianças e, além disso, somente com um objetivo definido e por períodos limitados, em que se desenvolve um programa, exatamente como acontece na escola. Em outros cursos, em outros momentos, a criança encontra-se sempre com outros colegas. As crianças que observamos participam, de vez em quando, de um curso ou de uma reunião esportiva junto com um amigo ou com uma amiga. Nenhuma dessas crianças fez novas amizades nessas ocasiões.

A importância de todas as atividades descritas, dos órgãos públicos e dos pais, para a vida extra-escolar das crianças de hoje, nas condições de vida urbana, aparece de modo mais evidente nas crianças que não têm nem mesmo um espaço à disposição e nenhum companheiro de brincadeiras nas vizinhanças e que não dispõem nem mesmo da forma privada de marcar encontros. Essas crianças, que também encontramos na nossa pesquisa, passam as suas tardes em parte sozinhas em casa, em parte compartilhando a vida de seus pais, mas sem amigos da mesma idade.

## 4. Conclusão

Como conclusão, gostaria de ressaltar dois resultados do que apresentei.

O primeiro diz respeito — de um ponto de vista genericamente sociológico — à relação entre indivíduo e sociedade, entre ação individual e estruturas sociais. Os casos da pesquisa berlinense mostraram que o mundo das crianças apresenta possibilidades e limites, mas que são as próprias crianças que, no seu agir, em parte os compreendem, em parte não os compreendem e também os modificam. E é justamente pelo modo em que as crianças se envolvem, às vezes, com determinadas possibilidades que se pode compreender quais são as suas aspirações. Ficou claro como as crianças de dez anos, sujeitos da pesquisa, querem ser autônomas e independentes na gestão da sua existência. Thomas e os seus amigos definiram regras sociais para os seus encontros, graças às quais, apesar da necessidade de uma programação, todos os dias podiam manter em aberto o seu tempo. Daniel e seus amigos não se deixavam prender em organizações temporalmente determinadas, que podiam derivar das ofertas dos lugares preparados para as crianças, visto que isso reduziria a sua liberdade. Ambos os grupos de garotos compartilhavam a tendência para determinar o próprio tempo.

O segundo resultado que gostaria de enfatizar diz respeito à relação entre desenvolvimento social e a multiplicidade de fenômenos do cotidiano. Na investigação, tornou-se claro que na existência cotidiana de crianças exprimiam-se tendências à especialização das funções dos espaços urbanos, e isso com modalidades variadas. Como disse Jens Qvortrup: "As crianças têm hoje poucas possibilidades de fugir das tendências que são claramente o resultado de mudanças de grande importância na sociedade em geral, mas isso não significa que essas infâncias, num nível menos elevado de generalidade, não sejam constituídas por uma enorme variedade de infâncias".

## Textos citados

DU BOIS-REYMOND, M.; BÜCHNER, P.; KRÜGER, H. H.; ECARIUS, J., FUHS, B. *Kinderleben, Modernisierung von Kindheit im interkulturellen Vergleich*, Opladen, Leske-Budrich, 1994.

DEUTSCHES JUNGENDINSTITUT (org.). *Was tun Kinder am Nachmittag? Ergebnisse einer empirischen Studie zur mittleren Kindheit*, Munique, Dji-Verlag, 1992.

KIRCHHÖFER, D. *Aufwachsen in Ostdeutschland*. Weinheim und München, Juventa, 1998.

SCHICK, M. *Kindheit in einem Dorf. Fallstudien zur Alltagsorganisation zehnjähriger Kinder*. Berlim, Max-Planck-Institut für Bildungsforschung, 1992.

VOSS, G. G. *Lebensführung als Arbeit. Über di Autonomie der Person im Alltag der Gesellschaft*, Stuttgart, 1991.

ZEIHER, H. J. *Konkretes Leben, Raum-Zeit und Gesellschaft. Ein handlungsorientierter Ansatz zur Kinderheitsforschung*. In: HONIG, M. S. et al. *Kinder und Kindheit*.

*Soziokulturelle Muster-sozialisationstheoretische Perspektiven*, Weinheim un München, Juventa, 1996.

ZEIHER, H. J., ZEIHER, H. *Orte und Zeiten der Kinder. Soziales Leben im Alltag von Grobstadtkindern*. Weinheim und München, Juventa, 1994.

ZINNECKER, J. "Vom Strabenkind zum verhäuslichten Kind. Kindheitsgeschichte im Prozeb der Zivilisation". In: BEHNKEN, I. (org.). *Stadtgesellschaft im Prozeb der Zivilisation*, Leske-Budrich, 1990.

LEIA TAMBÉM

# Educação pré-escolar e cultura

Ana Lúcia Goulart de Faria

Co-edição: Editora da Unicamp

Os parques infanis de Mário de Andrade trazem uma grande contribuição para a formação dos professores e profissionais de educação infantil, principalmente para os da pré-escola. A ênfase no brincar e na cultura brasileira antecipa a polêmica, hoje colocada, da indissociabilidade do cuidar e do educar, favorecendo a construção de uma pedagogia da infância e de uma pedagogia da educação infantil que supere o atual modelo da escola de ensino fundamental, tão adotado nas nossas pré-escolas.

# **A educadora de creche:** construindo suas identidades

Barbara Ongari • Paola Molina

Revisão técnica de Ana Lúcia Goulart de Faria

Trinta anos após a lei que instituiu as creches na Itália, o livro apresenta uma detalhada pesquisa, única no gênero, sobre a profissão de educadora de creche vista "por dentro", em que são sondadas as opções, as motivações, as expectativas, a satisfação de quem trabalha com os pequenininhos. Os dados, coletados mediante um número oportuno de questionários, evidenciam diferenças de percepção entre as educadoras de creche, em relação às trajetórias pessoais e profissionais e da cultura da creche de cada região, mas também uma notável homogeneidade de vivências sobre o modo de conceber o trabalho, a profissão, a relação com as crianças e o relacionamento com a administração pública.